企业创办策划

工作页

编写人员

主　编：朱红星　钟秀平

副主编：周挺兴　张　韬　陈少强

参　编：元伊捷　金黎明　孔青香　李智豪　麦瑞聪　徐　婷

中国劳动社会保障出版社

图书在版编目（CIP）数据

企业创办策划工作页 / 朱红星，钟秀平主编．-- 北京：中国劳动社会保障出版社，2023
ISBN 978-7-5167-6198-4

Ⅰ．①企…　Ⅱ．①朱…②钟…　Ⅲ．①创业 - 教材　Ⅳ．①F241.4

中国国家版本馆 CIP 数据核字（2023）第 220789 号

中国劳动社会保障出版社出版发行

（北京市惠新东街 1 号　邮政编码：100029）

*

三河市华骏印务包装有限公司印刷装订　　新华书店经销

787 毫米 ×1092 毫米　16 开本　10 印张　213 千字

2023 年 11 月第 1 版　　2025 年 1 月第 2 次印刷

定价：32.00 元

营销中心电话：400-606-6496

出版社网址：http://www.class.com.cn

编 写 人 员

主　　编：朱红星　钟秀平

副 主 编：周挺兴　张　韬　陈少强

参　　编：元伊捷　金黎明　孔青香　李智豪

麦瑞聪　徐　婷

前　言

党的二十大报告指出，当前“世界百年未有之大变局加速演进，新一轮科技革命和产业变革深入发展，国际力量对比深刻调整，我国发展面临新的战略机遇”。

2013 年 11 月 8 日，习近平总书记在致 2013 年全球创业周中国站活动组委会的贺信中强调，“青年是国家和民族的希望，创新是社会进步的灵魂，创业是推动经济社会发展、改善民生的重要途径。青年学生富有想象力和创造力，是创新创业的有生力量”。人力资源社会保障部办公厅印发《关于推进技工院校学生创业创新工作的通知》，指出到 2025 年，在校学生接受创业教育或创业培训基本做到全覆盖，投身创业创新的学生有明显增加，技工院校毕业生创业成功率有明显提升。

广州市轻工技师学院构建“机制—师资—课程—平台”四位一体的创新创业教育生态体系，推动“创新创业思维 + 创新创业实训 + 创新创业高端课程”三位一体的课程体系，打造高水平实践双创平台，大力营造创新创业氛围，实现在校学生接受创业教育全覆盖，使毕业生创业成功率有明显提升。

在总结课程实施经验的基础上，广州市轻工技师学院联合企业共同开发《企业创办策划工作页》，本书学习任务均来自企业创办真实项目，首创工学一体化的创新创业教育课程标准，开发相应线上教学资源与实体教具，设计“认知—情感—行动”三层递进的课程思政教学模式，每个学习任务都以六个递进的学习活动为核心，涵盖市场背景调研、创新创意规划、创业决策设计、商业落地实施、商业计划管控到路演展示总结。

本书学习任务划分为四个主题：饮品门店类个体工商户创办策划、家用设备维修类个人独资企业创办策划、广告设计类合伙企业创办策划以及科技产品类有限责任公司创办策划。四个学习任务覆盖了广泛的行业领域，每个学习任务都将创新思维和创业进行有机融合，让学生在多次的企业创办策划任务中积累经验，培养学生的创业实践能力和综合创新应用能力，以更好地适应实际工作任务。

本书由朱红星、钟秀平任主编，周挺兴、张韬、陈少强任副主编，元伊捷、金黎明、孔青香、李智豪、麦瑞聪、徐婷参编。

限于书的容量和编者水平，本书在满足教学指导工作需要上难免存在不足之处，敬请各位专家、同行和读者批评指正。编者邮箱：zhx0326@163.com。

《企业创办策划》编委会

目　　录

学习任务一　饮品门店类
个体工商户创办策划

教学目标

1. 能够分析饮品门店的市场背景调研目的，运用地理位置分析和口碑调查等具体方法进行研究。

2. 能够识别创新在现代社会中的作用，运用具体的创新思维模式，如差异化思维，生成具体的创新创意，并规划实际应用方案。

3. 能够运用原型制作和A/B测试等具体方法，遵循创业决策与设计的基本原则。

4. 能够结合企业人员组成，使用社交媒体制订并执行具体的商业落地计划，并能分析上、中、下游产业链的构成和运作机制。

5. 能够识别个体工商户的法律特点，解构并撰写针对饮品店的具体商业计划书。

6. 能够依据已制订的商业计划书，设计并制作饮品店路演PPT，并根据评价表格进行自我评价和优化方案。

7. 能够利用路演自行检验商业计划书的有效性，分析并运用反馈结果信息优化商业计划书，撰写具体的路演报告。

8. 能够根据投资者的具体反馈，优化商业计划书和路演报告，能及时整理和归档路演相关材料。

9. 能够反思学习与工作的整体经验，与团队成员进行有效沟通和合作，建立和保持良好的合作关系。

学习活动 1　市场背景调研

任务导入

<table>
<tr><td colspan="2">任务名称：饮品门店类个体工商户创办策划</td></tr>
<tr><td colspan="2">任务内容描述：
某阳光学院即将毕业的某学生，想要在自己的家乡——一个中等城市的繁华商圈，开设一家注重健康、口味新颖的饮品店。这家店主要面向 20~35 岁的年轻人，特别是那些追求健康生活方式并愿意为此付出一定成本的消费者。为实现这个目标，该学生计划投入大约 8 万元人民币，其中包括店铺租金、装修、设备购置、原料采购、聘请员工等初期投入。由于该学生没有足够的创新创业能力，他需要在接下来的 5 天内通过参加一门创新创业课程来弥补这个不足。在课程中，他将进行饮品个体门店创业策划，学习如何从产生创意构思到形成创业计划书，并进行路演。
饮品店组：负责规划店面选址、装修设计、确定饮品种类与配料、制定价格策略等。同时，需要考虑如何在社区内推广饮品，让社区更多的人知道，以提高居民的生活品质。
该项目包含以下 6 个项目的策划内容：
1. 市场背景调研
2. 创新创意规划
3. 创业决策设计
4. 商业落地实施
5. 商业计划管控
6. 路演展示总结
任务最终以交付商业计划书和路演 PPT 的形式进行效果检验。</td></tr>
<tr><td>任务开始时间：　年　月　日</td><td>任务结束时间：　年　月　日</td></tr>
<tr><td colspan="2">最终交付商业计划书的文件格式：Word 文档、PPT 文档</td></tr>
<tr><td>项目要求</td><td>1. 商业计划书包括项目背景、现状分析、解决方案、商业模式、创业团队和风险预测等内容。
2. 最终交付 Word 版商业计划书和路演 PPT，并进行路演。</td></tr>
</table>

1. 本任务提到市场背景调研，什么是市场背景调研？可以运用哪些工具？请填写表 1–1。

表 1–1　市场背景调研运用的工具及含义

工具	含义
市场背景调研	
位置分析	

2. 简述市场背景调研会用到的调研方法。

市场背景调研包括利用互联网进行__________，设计和分发问卷进行__________，选择目标用户、行业专家、业内从业者等进行__________，到实际场地或目标市场进行__________，收集市场数据进行__________，对竞争对手进行__________。这些方法可以帮助我们了解市场趋势、竞争情况、消费者需求等信息，为决策提供定量和定性的数据支持。

3. 请对饮品店进行位置分析和口碑调查，完成饮品店的市场背景评估。

位置分析

（1）地理位置特点：

（2）竞争对手：

（3）消费者行为：

（4）文化习俗：

（5）居民收入水平：

口碑调查

（1）消费者反馈：

（2）大众点评：

（3）竞争对比：

（4）调查结果总结：

结论

根据位置分析和口碑调查收集的市场数据，可以得出以下结论：

（1）市场机会：

（2）市场挑战：

学习活动 2　创新创意规划

1. 学习知识模块 2 的内容，对基本需求、易用性需求和可操作性需求进行深入的了解。对于一个饮品门店来说，这三种需求有哪些？请填写表 1–2。

表 1–2　　饮品店需求的具体内容

需求	含义	饮品店需求的具体内容
基本需求	基本需求是解决用户最基本问题的需求，是一个产品的源需求	例如，解决口渴
易用性需求	易用性需求主要考虑的是用户体验方面的需求，方便用户使用的需求	
可操作性需求	可操作性需求是指产品的操作环境，以及对该操作环境必须考虑的问题	

2. 学习知识模块 2 中“一个好的需求必须包含的条件”的内容，尝试理解好的饮品店需求应包含哪些关键条件。

你找到的饮品店需求：

包含的关键条件：

3. 学习知识模块 2 中“差异化思维”的内容，产生企业创意。

差异化思维是指以与众不同的视角和方式进行思考、分析和创新的思维方式，它强调在解决问题和创造性思维中寻找独特的、与常规不同的观点和方法。

（1）请利用差异化思维分析现今三大知名奶茶店品牌分别占领的市场情况，寻找错位竞争机会。奶茶店市场情况分析如图 1–1 所示。

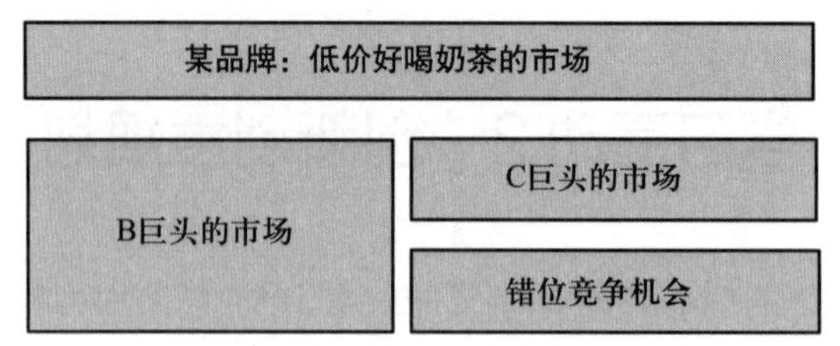

图 1–1　奶茶店市场情况分析

（2）请使用差异化思维产生创意后，记录和整理你的各种创意和概念，挑选出你最想实施的想法作为创新项目的创意点子，并填写表 1–3。

表 1–3　你的创意及最想实施的想法

创意编号	创意描述
1	例如：提供个性化定制的奶茶，满足不同人的口味需求
2	
3	
4	
最想实施的想法	

4. 请依据本次筹划创办一个饮品店个体工商户的任务，为你的饮品店确定项目的创新创意，拟定一份创意描述，并提交到线上作业活动中。

（1）创意描述：

（2）目标市场：

（3）创新点：

学习活动 3　创业决策设计

1. 简述原型的内涵。

__________：用于将产品的概念和关键功能可视化，促进团队沟通和协作。

2. 学习知识模块 3 中“原型制作”和“A/B 测试”的内容，验证和评估设计概念的可行性与效果，完成原型制作的计划和测试方案，并填写表 1–4。

表 1–4　　原型制作的计划和测试方案

<table>
<tr><td colspan="2">目标：</td></tr>
<tr><td>口号：</td><td>已发现的问题 / 需求：</td></tr>
<tr><td>草图：</td><td>原型产品制作：
（提示：先确定需求）</td></tr>
<tr><td colspan="2">数据分析评估：
（提示：分析 A/B 测试结果，比较两个版本的表现。）</td></tr>
</table>

3. 简述 A/B 测试可以比较哪些方面。

A/B 测试是一种比较不同变量效果的方法，其中之一是比较不同的____________对用户的影响。

在 A/B 测试中，可以比较不同的________对用户的吸引力和影响力。

产品的________也可以通过 A/B 测试进行比较，比较不同特性对用户的满意度和使用体验的影响。

营销策略和广告效果的比较是 A/B 测试的另一个方面，通过比较不同的________评估对用户的吸引力和转化率的影响。

A/B 测试还可以用于比较不同的________对用户的购买意愿和满意度的影响。

用户界面和交互设计的比较是 A/B 测试的重要组成部分，通过比较不同的________评估对用户的易用性和满意度的影响。

4. 请学习知识模块 3“创业决策设计”的内容，深入理解 A/B 测试的含义，并填写表 1–5，运用 A/B 测试优化你的产品。

表 1–5　　运用 A/B 测试优化你的产品

测试组别	测试功能	结果
A 组		
B 组		

学习活动 4　商业落地实施

1. 请确定饮品门店创业团队成员的角色身份。

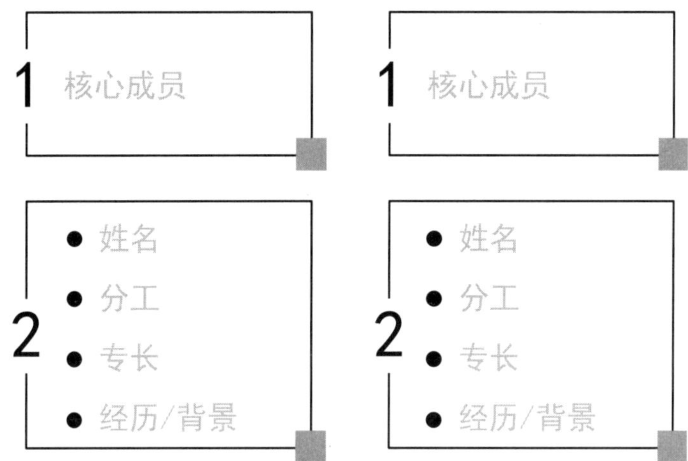

2. 根据下面的具体步骤，运用社交媒体进行有效的营销，以推动商业计划的实施。

（1）研究目标受众。
（1）选择适合的平台。
（3）制定内容策略。
（4）发布与推广。

3. 思考下列问题的答案，让你的营销更具有效果。

（1）如何做到让目标客户触手可及并参与讨论？
（2）如何传播和发布对目标客户有价值的信息？
（3）如何让消费者与你的品牌或产品产生联系？
（4）如何与目标客户形成互动，并让他们感觉产品的制作有自己的一份功劳？

写下你的想法：

4. 学习知识模块 4 的内容，并对上、中、下游产业链有深入的理解。为你的饮品店建立一条完整的上、中、下游产业链，确保整个商业过程的连续性。

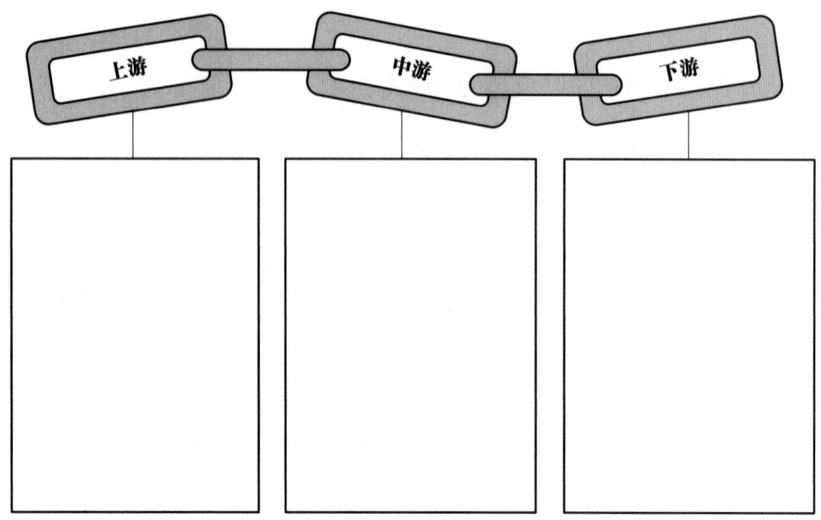

学习活动 5　商业计划管控

1. 查阅相关资料，了解企业法律形式的基本知识，解释表 1–6 中名词的含义。

表 1–6　　企业法律形式涉及的名词及含义

名词	含义
个体工商户	
个人独资企业	
合伙企业	
有限责任公司	

2. 充分了解影响企业法律形式的因素，填写表 1–7，根据企业具体情况，决定企业的法律形式。

表 1–7　　企业法律形式的综合考虑决定

考虑因素	具体内容	综合考虑决定
拟创办企业的规模		
创业时所拥有的资金数		
共同创业人数		
创业的观念		
所能承受的风险		
所在行业的发展前景		

3. 请了解企业注册流程，阐述个体工商户注册应分为________个步骤。

个体工商户注册：

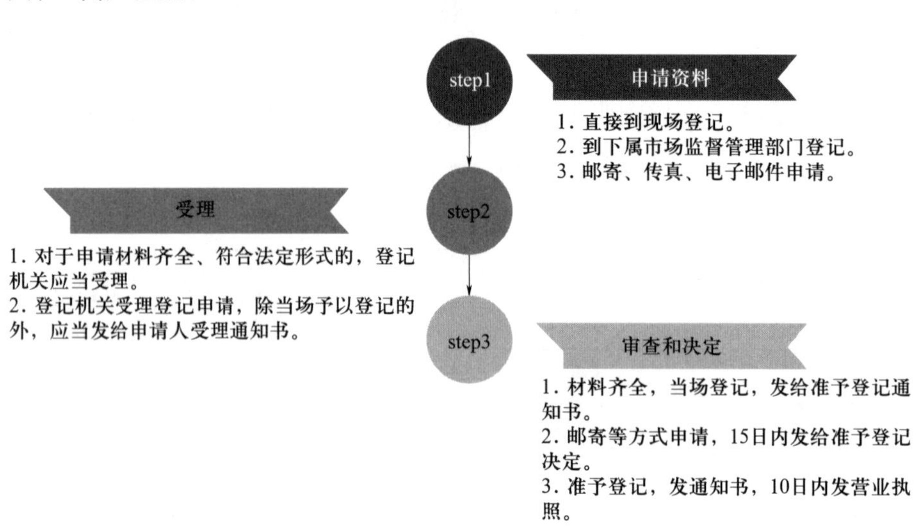

4. 请结合前面完成的任务内容，以表 1–8 的格式为依据，撰写一份创办个体工商户饮品店的商业计划书。

表 1–8　　创办个体工商户饮品店商业计划书模板

（1）项目名称
（2）项目简介 项目概述： 商业愿景：
（3）市场分析 目标市场： 竞争环境：

续表

（4）产品介绍 饮品种类：   供应链：
（5）运营策略 营业时间和地点：   人员配置：
（6）营销计划 宣传方式：   客户关系维护：
（7）财务规划 成本预算：   收益预测：

5. 根据现阶段商业计划书撰写内容，以表 1–9 为依据，在组内对商业计划书内容的达标情况进行互相评价，并提出修改建议。

表 1–9　　商业计划书评价表

评价指标	完全符合（最高分值）	得分	基本符合（最高分值）	得分	不符合（最高分值）	得分
创意存在差异化优势，具有技术可行性，能够解决实际问题	20		15		8	
市场调研情况准确，竞争情况清晰	15		10		5	
产品原型涵盖产品主要功能和特性，考虑用户习惯	20		15		8	
创业团队分工合理，商业模式信息全面	15		10		5	
风险考虑全面，风险应对措施合理	10		8		3	
计划书的内容完整，项目具有创新性和可实现性	20		15		8	
总得分						

学习活动 6　路演展示总结

1. 请依据你的商业计划书内容，完成项目的路演 PPT 的制作，并完成表 1–10 的填写。

表 1–10　　路演 PPT 的核心内容及负责人

PPT 页码	核心内容	负责人
1		
2		
3		
4		
5		
6		
7		
8		
9		
10		
11		
12		

2. 小组在指定的展播设备中展示项目路演 PPT，并推选一个代表简述内容。

3. 其他组以小组为单位，以表 1–11 为依据，给作品打分。

表 1–11　　路演 PPT 评价表

组别		项目名称	
序号	项目	评价指标	分值 0 ~ 12.5
1	项目名称	能够简洁、准确地反映项目的核心概念和商业价值	
2	项目背景	能够提供清晰、全面的市场信息	
3	项目痛点	能够准确地识别并阐述目标市场中存在的关键痛点	
4	解决方案	具有创新性、可行性，且能够有效地解决市场痛点问题	
5	商业模式	选择的商业模式可行，并能够有效地创建、传递和获取价值	
6	创业团队	团队成员具有多元化的技能，能够分工协作互补	
7	风险预测	能够全面地预测可能存在的风险	
8	风险措施	对应前面预测的风险，能够制订应对策略和风险缓解计划	
总分			
综合评价	请根据下列提示，分别写出该计划书的优缺点（不少于 2 点）。 1. 商业计划书较好的地方： 2. 商业计划书需要改进的地方及改进建议：		

评价人：　　　　　　　　　　　　　　　　　　　　　　　　年　月　日

完善计划书与 PPT，交付文件

1. 完善本次饮品店的商业计划书与项目 PPT，于线上提交文件。

2. 于线上提交项目小结，反思本次任务的学习情况。

学习任务二　家用设备维修类个人独资企业创办策划

教学目标

1. 能够运用 SWOT 分析工具，对家用设备维修类个人独资企业的内部优势、劣势和外部机会、威胁进行具体分析，以便为企业创办进行全面策划。

2. 能够使用 SCAMPER 创新技巧产生具体的创新创意，并结合需求的不同等级，设计并构建超越用户预期的家用设备维修感知价值方案。

3. 能够根据创业决策与设计的原则，使用原型制作和用户测试等具体方法，验证和优化家用设备维修服务的可行性和用户体验。

4. 能够分析并执行商业落地实施的关键要素，包括构建创业团队、制订预算和运用价值主张画布等工具，以确保家用设备维修业务的有效运营。

5. 能够识别个人独资企业的法律特点，选择合适的法律形式，进行法律和合规风险评估，并解构撰写具体的家用设备维修项目商业计划书。

6. 能够依据已制订的商业计划书，设计并完成家用设备维修项目路演 PPT，同时运用具体评价标准进行自我评价和方案优化。

7. 能够通过路演自我验证商业计划书的有效性，分析反馈信息，优化商业计划书，并撰写详尽的路演报告。

8. 能够根据投资者的实际反馈，有针对性地优化家用设备维修项目商业计划书，组织撰写并完成路演报告，同时及时整理和归档相关路演材料。

9. 能够全面反思学习与工作的过程，与团队成员有效沟通和合作，以促进和保持良好的团队合作关系。

学习活动 1　市场背景调研

任务导入

<table>
<tr><td colspan="2">任务名称：家用设备维修类个人独资企业创办策划</td></tr>
<tr><td colspan="2">任务内容描述：
某清风学院即将毕业的某学生，计划在自己的家乡（中等城市）的社区居民区，开设一家提供家用设备维修服务的个人独资企业。这家企业主要面向两类家庭，一类是年轻家庭，特别是新成立的两口之家，他们可能面临不断增长的家用设备使用需求，由于自身忙碌的工作，他们更倾向于寻求高效、质量有保证的维修服务；另一类是老年家庭，他们可能由于年龄原因，不方便处理一些复杂的家用设备维修问题。为实现这个目标，该学生计划投入大约 10 万元人民币，用于购置维修工具、租赁工作室、做广告宣传、采购零部件以及获取必要的资质证书等初期投入。由于该学生的创新创业能力不足，他需要在接下来的 8 天内参加一门创新创业课程，以弥补这个不足，在课程中，他将进行家用设备维修个人独资企业创办策划，从产生创意构思，到形成创业计划书，再到进行路演，全面提升自己的创业能力。
设备维修店组：负责规划店面选址、装修设计、招聘工人、价格策略等方面。同时，需要考虑如何在社区内推广店铺，让社区更多人知道，以提高店铺的知名度。
该项目包含以下 6 个项目的策划内容：
1. 市场背景调研
2. 创新创意规划
3. 创业决策设计
4. 商业落地实施
5. 商业计划管控
6. 路演展示总结
任务最终以交付商业计划书和路演 PPT 的形式进行效果检验。</td></tr>
<tr><td>任务开始时间：　年　月　日</td><td>任务结束时间：　年　月　日</td></tr>
<tr><td colspan="2">最终交付商业计划书的文件格式：Word 文档、PPT 文档</td></tr>
<tr><td>项目要求</td><td>1. 商业计划书包括项目背景、现状分析、解决方案、商业模式、创业团队和风险预测等内容。
2. 最终交付 Word 版商业计划书和路演 PPT，并进行路演。</td></tr>
</table>

1. 如图 2-1 所示，简述 SWOT 包含的内容。

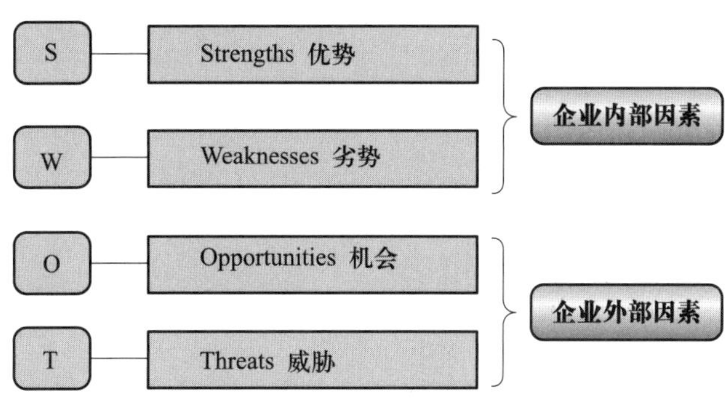

图 2-1　SWOT 包含的内容

SWOT 分析是一种用于评估一个组织、产品、项目或个人的优势、劣势、机会和威胁的战略管理工具。其中，优势是指相对于竞争对手的____________；劣势是指相对于竞争对手的____________；机会是指外部环境中对组织、产品、项目或个人发展构成有利因素的机遇，如市场需求的增长和变化、新技术的出现等；威胁是指外部环境中对组织、产品、项目或个人发展构成潜在风险和挑战的因素，如新竞争对手的进入、技术的迅速过时等。通过识别和应对________，可以减少风险并保持企业的竞争力。

2. 用 SWOT 工具填写创业项目的优势、劣势、机会、威胁，并找到项目存在的市场机会。

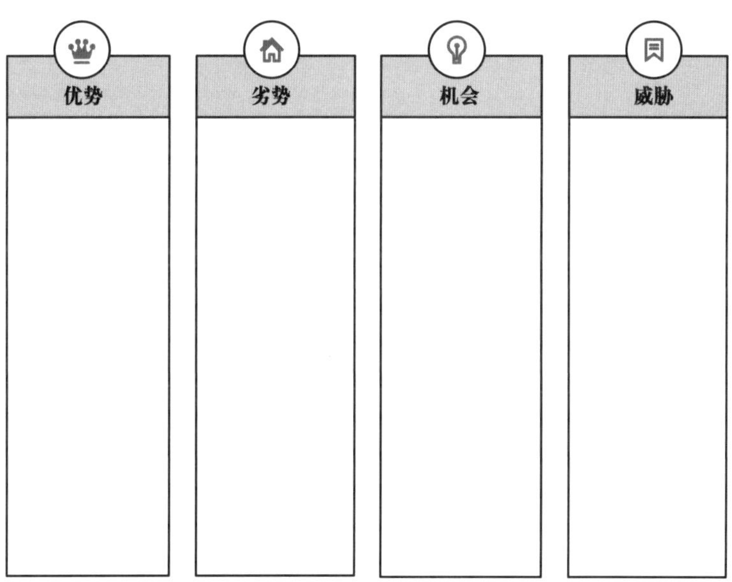

3. 请分析由 SWOT 工具得到的信息，得出市场调研结论。

市场机会：

结论：

学习活动 2　创新创意规划

1. 简述 SCAMPER 法的七个思维方式。

SCAMPER 法，又被称作奔驰法，是由鲍勃·埃伯勒（Bob Eberle）于 1971 年创建的一种思维工具。这种方法在设计冲刺阶段常被用于激发团队的创意和想法。SCAMPER 由七个英文单词的首字母组成，分别代表了七种不同的思维方式：Substitute（替代）、________________、________________、________________、________________、________________、________________。

2. 如图 2-2 所示，请运用 SCAMPER 技巧对本项目进行再创造，寻找设备维修店的新创意。

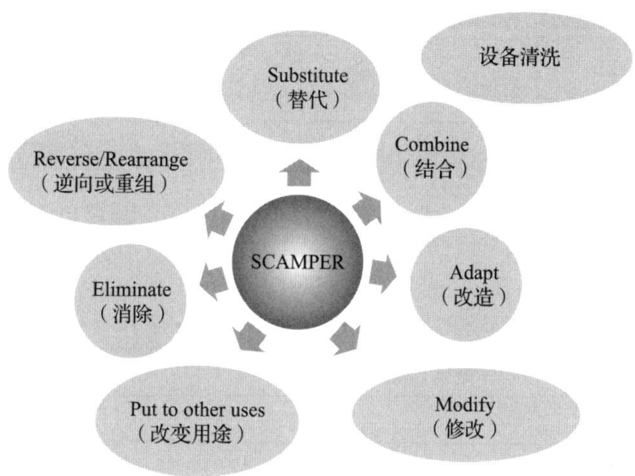

图 2-2　运用 SCAMPER 技巧对本项目进行再创造

3. 请使用 SCAMPER 技巧工具产生创意后，记录和整理你的各种创意和概念，挑选出你最想实施的想法作为创新项目的创意点子，并填写表 2-1。

表 2-1　你的创意及最想实施的想法

创意编号	创意描述
1	例如：设备维修后附加设备清洗服务
2	
3	
4	
最想实施的想法	

4. 根据需求层次理论，人们的需求分为五级，从低到高依次为基本需求、安全需求、社交需求、尊重需求和自我实现需求。如图 2–3 所示，请利用差异化思维，结合家用设备维修业务的特性，分析和创新规划这五种需求在一个家用设备维修个人独资企业中的应用。

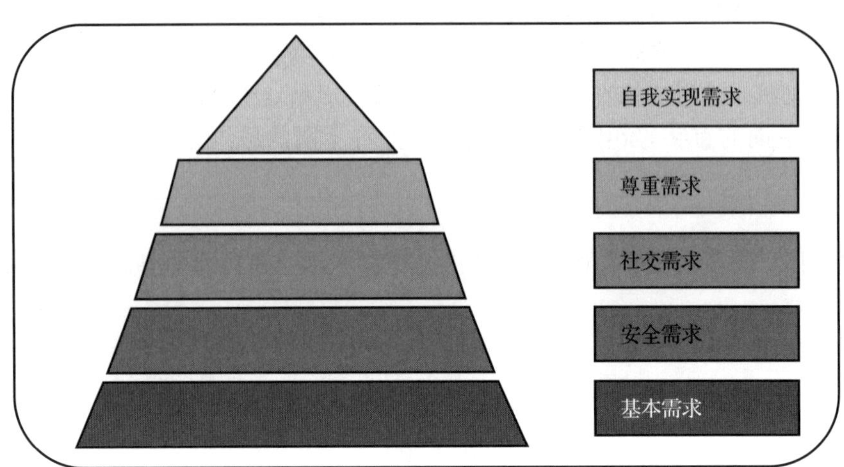

图 2–3　需求层次理论在家用设备维修个人独资企业中的应用

5. 通过走访或问卷调查的形式，收集客户对家用设备维修的需求情况，细分需求等级，并填写表 2–2。

表 2–2　　客户对家用设备维修的需求内容及需求等级

需求内容	需求等级

6. 根据不同层次的需求，可以对市场进行细分。通过对目标市场进行细分，企业可以针对不同需求层次的消费者开展精准的营销活动，满足其特定需求。请按照要求，填写表 2–3。

表 2–3　　需求等级及对应的解决方法

需求等级	如何解决其需求

学习活动 3　创业决策设计

1. 根据原型制作要求，完成创办家用设备维修店任务决策清单，并填写表 2–4。

表 2–4　　创办家用设备维修店任务决策清单

制作阶段	任务描述	确定方案内容
功能验证	制作原型以模拟真实的操作流程，验证维修店的各项服务是否满足用户的需求和预期	
用户体验设计	设计和评估维修店原型的用户界面和体验	
技术验证	验证原型技术的可行性和可靠性，包括设备的布局、使用和安全性等	
用户测试	通过用户测试收集反馈，对原型进行进一步的改进和优化	

2. 请整理项目清单，进行项目工作内容分工，并填写表 2–5。

表 2–5　　项目工作内容分工

项目工作内容	负责人	完成时间

3. 根据以上工作清单，哪些内容是你现在无法完成的？如何解决？

4. 请运用手上所拥有的资源，制作家用设备维修个人独资企业的项目原型，填写表 2–6。

表 2–6　家用设备维修个人独资企业项目原型

产品形态	具体设计描述

5. 请进行用户测试，制订合适的测试方案，并记录用户的反馈，填写表 2–7。

表 2–7　用户测试反馈记录单

测试项目	工作完成程度	客户评分	客户意见	其他
例：网站网页流程测试				

6. 如何解决用户测试反馈的问题？请填写表 2–8。

表 2–8　　用户测试反馈的问题及解决方案

问题	解决方案

学习活动 4　商业落地实施

1. 创业团队是构建创业项目成功的关键因素之一，包括项目发起人、核心团队和普通员工，请为你的家用设备维修项目确定创业团队成员的角色身份。

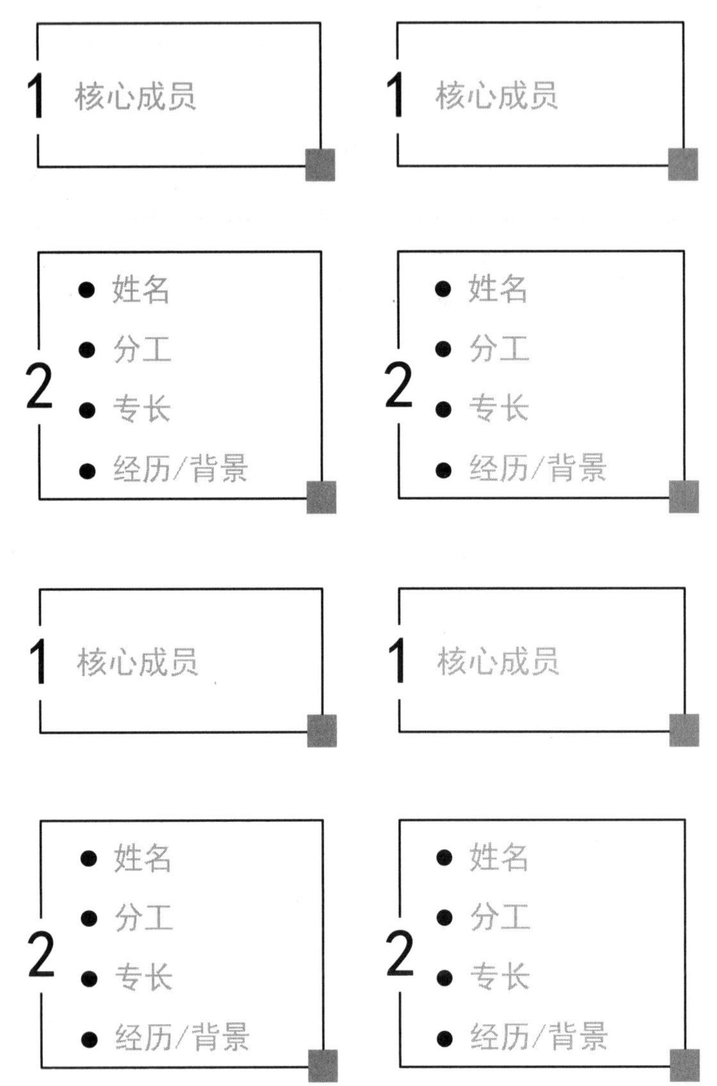

2. 预算制订是指企业或组织在一定时期内，根据预先确定的经济目标和策略，编制可量化的财务计划和资源配置方案的过程，有助于企业实现长期目标，控制成本，优化资源利用，并对企业的经营活动进行精确的控制和管理。请基于你对家用设备维修项目的理解，制订项目预算，并填写表 2–9。

表 2–9　　家用设备维修项目预算制订

预算类别	含义	预算金额（单位：元）
财务预算	对企业在未来一段时间内的财务状况和运作情况进行预测和计划	
销售预算	制订企业销售目标和销售策略计划	
生产预算	根据销售预算、生产能力和原材料供应等因素，制订企业的生产目标和生产计划	
成本预算	根据销售预算和生产预算，制订各个成本项目的预期金额和费用分配方案	
管理预算	对企业经营活动各个环节考核和控制的预算	
合计		

3. 价值主张画布是一款工具，用于帮助理解客户需求并设计解决方案，以实现产品与市场的匹配。如图 2–4 所示，价值主张画布由客户概况图和价值图两部分组成，前者描述客户工作、痛点和收益，后者描述产品和服务、痛点缓释方案以及收益创造方案。

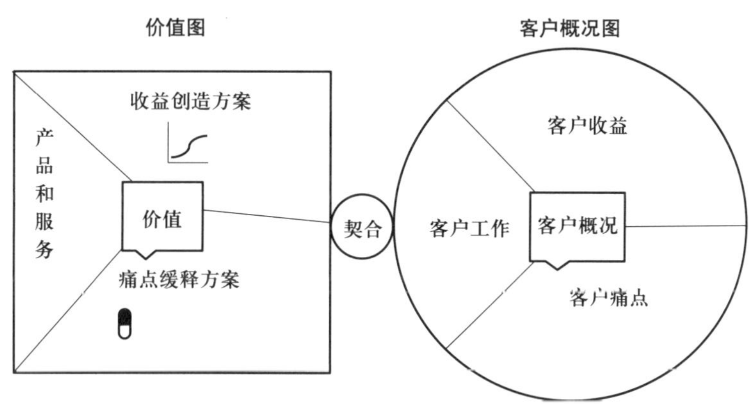

图 2–4　价值主张画布

4. 用走访或调查问卷等方法，调查了解客户的概况，填写表 2–10，更好地规划方案。

表 2–10　　客户概况、含义及内容

客户概况	含义	内容
客户工作	客户的日常工作或生活需求	
客户痛点	妨碍客户完成工作或客户在完成工作过程中所产生的问题	
客户收益	客户希望获得的结果或效益	

5. 价值图以客户概况图为基础，请填写表 2–11，描述打算提供何种产品或服务，以通过缓解客户痛点或满足其期望的方式为客户创造价值。

表 2–11　　　　价值图的组成、含义及内容

价值图的组成	含义	内容
产品和服务	列出你所提供的服务或产品清单	
痛点缓释方案	描述你的产品和服务如何减轻客户的痛点	
收益创造方案	描述你的产品和服务如何创造客户收益	

学习活动 5　商业计划管控

1. 充分了解影响企业的因素，根据项目具体情况，决定企业法律形式的选择，并填写表 2–12。

表 2–12　　项目具体情况及综合考虑决定

考虑因素	具体内容	综合考虑决定
拟创办企业的规模		
创业时所拥有的资金数		
共同创业人数		
创业的观念		
所能承受的风险		
所在行业的发展前景		

2. 请了解企业注册流程，阐述个人独资企业注册分为________个步骤。

个人独资企业注册：

①

1. 申请。由投资人或者其委托的代理人向个人独资企业所在地登记机关申请设立登记。

②

2. 受理。审查和决定登记机关应当在收到全部文件之日起 15 日内，作出核准登记或者不予登记的决定。

3. 简述法律和合规风险评估。

法律和合规风险评估旨在系统性地分析和评估企业在法律和合规方面的________，以确定可能存在的风险，并提供相应的防范和控制措施。评估的目的是帮助企业识别和理解________和________方面的风险，并制定风险管理策略，通过全面审查和分析企业环境，预测潜在法律问题和合规风险，保护企业权益和声誉。

4. 请学习知识模块 5 的内容，进行项目风险评估，并填写表 2–13。

表 2–13　项目风险评估表

风险因素	描述	潜在影响	风险等级	风险应对措施
竞争对手				
成本管理				
法律法规				
健康问题				

5. 请结合前面完成的任务内容，以表 2–14 的格式为依据，撰写一份家用设备维修个人独资企业的商业计划书。

表 2–14　家用设备维修个人独资企业商业计划书模板

（1）项目名称
（2）公司概述 公司名称和业务性质： 商业目标和愿景：
（3）市场分析 目标市场： 行业分析： 竞争对手分析：

续表

（4）服务介绍 维修服务： 技术规格： 服务流程： 服务优势：
（5）运营和组织结构 组织结构： 运营流程：
（6）营销和销售策略 客户获取策略： 客户关系维护：
（7）财务计划 开支预算： 收益预测：
（8）风险和问题 潜在风险： 应对策略：

6. 根据现阶段商业计划书撰写内容，以表 2–15 为依据，在组内对商业计划书内容的达标情况进行互相评价，并提出修改建议。

表 2–15　　商业计划书评价表

评价指标	完全符合（最高分值）	得分	基本符合（最高分值）	得分	不符合（最高分值）	得分
创意存在差异化优势，具有技术可行性，能够解决实际问题	20		15		8	
市场调研情况准确，竞争情况清晰	15		10		5	
产品原型涵盖产品主要功能和特性，考虑用户习惯	20		15		8	
创业团队分工合理，商业模式信息全面	15		10		5	
风险考虑全面，风险应对措施合理	10		8		3	
计划书的内容具有完整性，项目具有创新性和可实现性	20		15		8	
总得分						

学习活动 6　路演展示总结

1. 请依据你的商业计划书内容，完成项目的路演 PPT 制作，并完成表 2–16 的填写。

表 2–16　　路演 PPT 的核心内容及负责人

PPT 页码	核心内容	负责人
1		
2		
3		
4		
5		
6		
7		
8		
9		
10		

2. 小组在指定的展播设备中展示项目路演 PPT，并推选一个代表简述内容。

3. 其他组以小组为单位，以表 2–17 为依据，给作品打分。

表 2–17　路演 PPT 评价表

<table>
<tr><td colspan="2">组别</td><td></td><td>项目名称</td><td></td></tr>
<tr><td rowspan="2">序号</td><td rowspan="2">项目</td><td colspan="3" rowspan="2">评价指标</td><td>分值</td></tr>
<tr><td>0 ~ 12.5</td></tr>
<tr><td>1</td><td>项目名称</td><td colspan="3">能够简洁、准确地反映项目的核心概念和商业价值</td><td></td></tr>
<tr><td>2</td><td>项目背景</td><td colspan="3">能够提供清晰、全面的市场信息</td><td></td></tr>
<tr><td>3</td><td>项目痛点</td><td colspan="3">能够准确地识别并阐述目标市场中存在的关键痛点</td><td></td></tr>
<tr><td>4</td><td>解决方案</td><td colspan="3">具有创新性、可行性，且能够有效地解决市场痛点问题</td><td></td></tr>
<tr><td>5</td><td>商业模式</td><td colspan="3">选择的商业模式可行，并能够有效地创建、传递和获取价值</td><td></td></tr>
<tr><td>6</td><td>创业团队</td><td colspan="3">团队成员具有多元化的技能，能够分工协作互补</td><td></td></tr>
<tr><td>7</td><td>风险预测</td><td colspan="3">能够全面地预测可能存在的风险</td><td></td></tr>
<tr><td>8</td><td>风险措施</td><td colspan="3">对应前面预测的风险，能够制订应对策略和风险缓解计划</td><td></td></tr>
<tr><td colspan="5">总分</td><td></td></tr>
<tr><td>综合评价</td><td colspan="5">请根据下列提示，分别写出该计划书的优缺点（不少于 2 点）。
1. 商业计划书较好的地方：
2. 商业计划书需要改进的地方及改进建议：</td></tr>
</table>

评价人：　　　　　　　　　　年　月　日

完善计划书与 PPT，交付文件

1. 完善本次家用设备维修店的商业计划书与项目 PPT，于线上提交文件。

2. 于线上提交项目小结，反思本次任务的学习情况。

学习任务三　广告设计类合伙企业创办策划

教学目标

1. 能够运用 PEST 分析方法，具体包括分析政治、经济、社会和技术四大环境因素，进行广告设计类合伙企业创办策划。

2. 能够运用脑力激荡法和创意拼图，结合市场和用户需求分析，为广告设计业务创造独特的价值和方案。

3. 能够遵循创业决策与设计的原则，利用品牌形象设计和用户指南针地图等工具，确保广告设计服务的可行性并提高用户体验感。

4. 能够分析并理解商业实施的关键要素，包括创业团队组建、360 度反馈、社区参与、毛利率分析以及商业模式画布等，以确保广告设计业务的有效运营。

5. 能够识别合伙企业的法律特点，掌握供应链风险分析技能，解构并撰写具体的广告设计合伙企业商业计划书。

6. 能够根据已制订的商业计划书，设计并完成广告设计合伙企业路演 PPT，以及根据评价表进行自我评价和具体优化。

7. 能够通过路演对商业计划书的有效性进行自检，分析反馈结果信息，优化商业计划书并编写路演报告。

8. 能够根据投资者的具体反馈，优化商业计划书，组织撰写并完成路演报告，及时整理和管理路演相关材料。

9. 能够深入反思学习与工作的过程和结果，并与团队成员和其他合作方进行有效沟通，促进协作关系的建立和维护。

学习活动1　市场背景调研

任务导入

<table>
<tr><td colspan="2">任务名称：广告设计类合伙企业创办策划</td></tr>
<tr><td colspan="2">任务内容描述：
某云朵学院即将毕业的某学生，计划在自己的家乡——一座拥有优质婚庆市场的大城市，创办一家专注于提供创新和个性化婚庆广告设计服务的合伙企业。这家公司主要面向新婚夫妇，尤其是那些追求独特婚礼体验并愿意为此投入一定成本的消费者。为实现这个目标，该学生计划投入15万元人民币，这些资金将被用于租用工作室、购买设计软件和设备、宣传推广、聘请设计师等初期投入。由于该学生没有足够的创新创业能力，他需要在接下来的13天内通过参加一门创新创业课程提升自己的能力，在课程中，他将进行婚庆广告设计企业的创业策划，从产生创意构思，到形成创业计划书，再到进行路演，全面提升自己的创业能力。
广告设计组：负责规划店面选址、装修设计、细分各种客户，打造出自己的品牌形象，接收360度反馈；同时，需要考虑如何推广，组建创业团队，让更多人认识到这个项目。
该项目包含以下6个项目的策划内容：
1. 市场背景调研
2. 创新创意规划
3. 创业决策设计
4. 商业落地实施
5. 商业计划管控
6. 路演展示总结
任务最终以交付商业计划书和路演PPT的形式进行效果检验。</td></tr>
<tr><td>任务开始时间：　年　月　日</td><td>任务结束时间：　年　月　日</td></tr>
<tr><td colspan="2">最终交付商业计划书的文件格式：Word文档、PPT文档</td></tr>
<tr><td>项目要求</td><td>1. 商业计划书包括项目背景、现状分析、解决方案、商业模式、创业团队和风险预测等内容。
2. 最终交付Word版商业计划书和路演PPT，并进行路演。</td></tr>
</table>

1. 本任务提到的市场背景调研可以运用哪些工具？请填写表 3–1。

表 3–1　　市场背景调研运用的工具及含义

工具	含义
客户细分	
PEST 分析	

2. 简述客户细分的内涵。

客户细分是 20 世纪 50 年代中期由美国学者温德尔·史密斯提出的，这个理论依据为客户需求的________性以及企业需要在有限资源的基础上进行有效的市场竞争。它是指企业在明确的战略业务模式和特定的市场中，根据客户的________、行为、需求、偏好以及价值等因素对客户进行分类，并提供有针对性的产品、服务和销售模式。客户细分的内容包括市场人口统计学特征、心理和行为特征、需求特点、消费行为、价值潜力以及竞争环境等方面。进行客户细分时，可以通过________调研、消费者调查、销售数据分析等方法获取所需的数据。

3. 请你基于客户细分的理念，对现今婚纱广告设计行业中三种广告类型的目标客户群体进行详细分析，并寻找可能的未满足的客户群体，以找出可能的市场机会，完成表 3–2 的填写。

表 3–2　　广告设计行业目标客户群体分析

广告类型	主要受众	主要需求	购买能力
例如：服装广告	18 ~ 45 岁女性	时髦，漂亮	较强

4. 如图 3-1 所示，PEST 分析工具是一种宏观环境分析工具，主要用于分析影响企业发展的政治、经济、社会、技术四大外部环境因素。请你用 PEST 分析工具对影响婚纱广告设计市场环境的四大因素进行分析，填写表 3-3，并找到婚纱广告设计项目的市场机会。

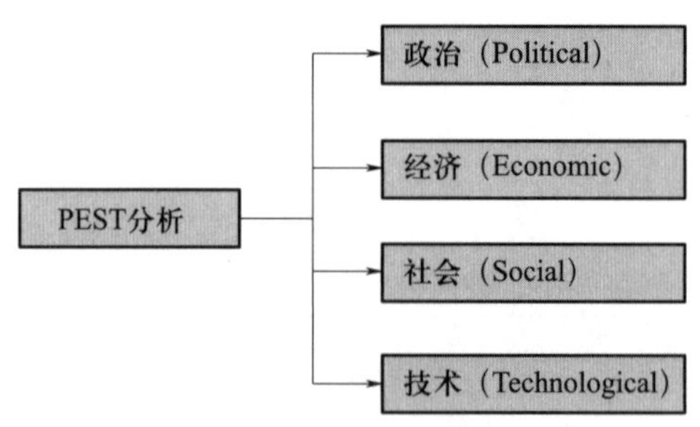

图 3-1　PEST 分析工具

表 3-3　运用 PEST 分析工具对影响婚纱广告设计市场环境的四大因素进行分析

影响因素	定义	具体内容
政治因素	政治因素涉及国家和地区的政府政策、法律法规、政治稳定性等方面的因素	
经济因素	经济因素主要涉及宏观经济状况、金融市场、货币政策、消费者购买力等方面的因素	
社会因素	社会因素关注人口特征、文化价值观念、社会趋势等因素	
技术因素	技术因素主要涉及科技进步、创新能力、信息技术等方面的因素	

结论

根据客户细分和 PEST 分析可以得知广告设计行业的市场背景为：

学习活动 2　创新创意规划

1. 脑力激荡法是一种创新性思考工具，主要用于激发集体智慧，产生新的观点和解决方案。请你运用脑力激荡法，为婚纱广告设计行业找出三个创新创意规划的建议，如图 3–2 所示。

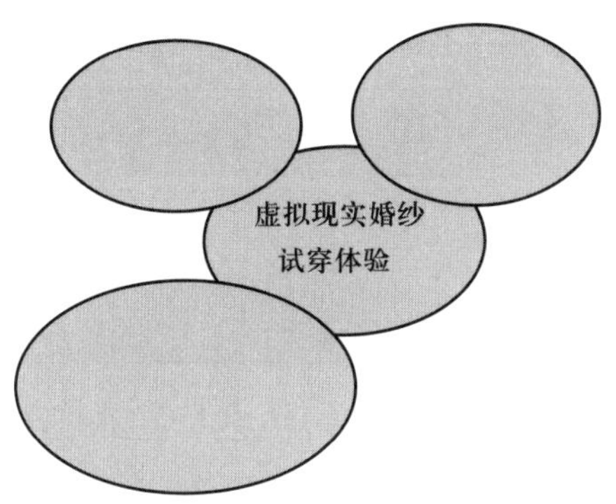

图 3–2　婚纱广告设计行业创新创意规划建议

2. 对于婚纱广告设计行业来说，创意是最核心的内容，请以“梦幻的婚礼”为主题，用脑力激荡法激发灵感和创造力，并填写表 3–4。

表 3–4　　运用脑力激荡法产生的创意

主题	具体内容

3. 在进行脑力激荡的过程中，常常会遇到一些问题，如何解决这些问题?

4. 创意拼图是一种思维工具，主要用于从不同的视角和维度去观察和思考问题，从而激发创新和创意。请结合你对婚纱广告设计行业的理解，使用创意拼图工具，生成具有突破性的婚纱广告设计创意。

请小组成员搜集跟“水”有关的素材，包括但不限于文字、图像、符号、音乐、视频等，将搜集到的素材混合在一起，每个人根据自己的想法进行排列组合，激发出更多具有创意的想法，并完成表 3–5 的填写。

表 3–5　运用创意拼图搜集和组合素材

成员名单	搜集素材	组合素材

5. 在开展创意拼图的过程中常常会遇到一些问题，如何解决这些问题？

6. 把通过脑力激荡法和创意拼图产生的想法进行综合整理，筛选出比较好的创意，并填写表 3–6。

表 3–6　　创意汇总表

主题	创意

学习活动 3　创业决策设计

1. 阅读知识模块 3 的内容，完成属于自己的品牌形象设计。

请每个人谈谈自己想做一个什么样的品牌，有什么品牌特征？品牌策略是什么？并填写表 3–7。

表 3–7　　品牌特征与品牌策略汇总表

成员	品牌特征	品牌策略

2. 对大家的意见进行讨论分析，综合起来，完善品牌形象设计，并填写表 3–8。

表 3–8　　品牌形象设计

品牌形象设计	具体设计
品牌定位	
品牌标识	
视觉元素	
声音和音乐	
品牌故事和传播内容	
用户体验	

注意事项：不能侵权、组成元素要恰当、要有记忆点。

3. 请使用“用户指南针地图”工具，结合你对婚纱广告设计行业的理解，设计出一个满足目标用户需求的婚纱广告设计服务方案。

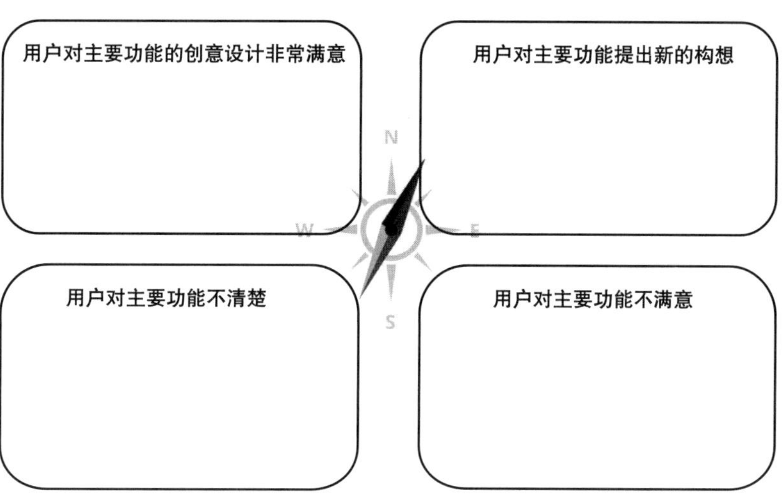

学习活动 4　商业落地实施

1. 根据组建团队的五个关键因素，了解团队所需要的人才，填写表 3–9，完成团队组建。

表 3–9　　组建团队的关键因素、具体内容及符合条件的人才

关键因素	具体内容	符合条件的人才
适当的技能		
此前的创业经验		
合适的个性		
共同的目标		
远大的抱负		

2. 请确定创业团队成员的角色身份。

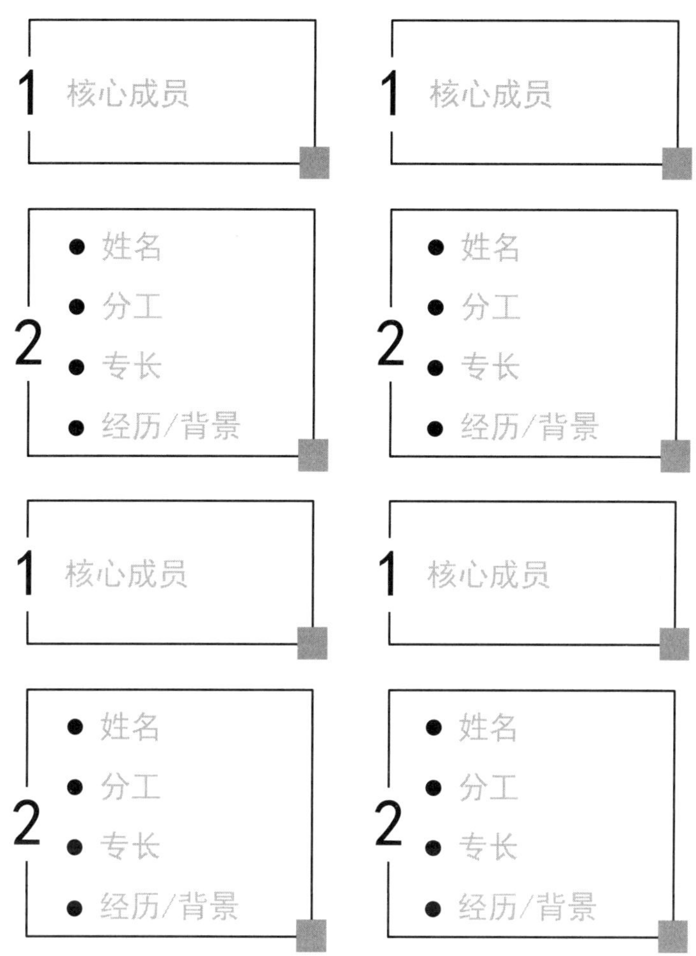

3. 请设计创业团队成员的股权，填写表 3–10，并在图 3–3 中以饼形图的形式具体展现。

表 3–10　　创业团队成员股权分配表

创业团队	具体占比

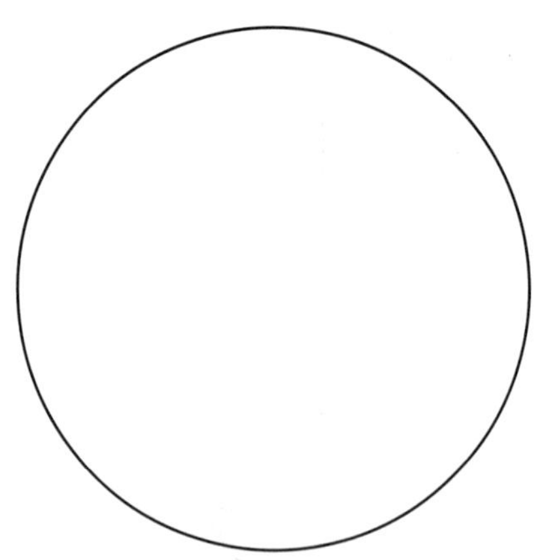

图 3–3　创业团队成员股权分配图

4. 360 度反馈评价体系是一种综合评价方法，旨在通过收集和整合来自各方的意见和反馈，全面了解团队和个人在工作中的表现和能力，以及潜在的发展需求。它可以从多个角度收集反馈，包括上级、同事、下属以及客户等，提供全面、客观的信息，帮助团队和个人了解他们的优点和改进的方向，从而促进个人成长和组织的发展。请结合你所了解的婚纱广告设计行业的特点和需求，创建一个适合婚纱广告设计类合伙企业的 360 度反馈评价体系，填入图 3–4 中。

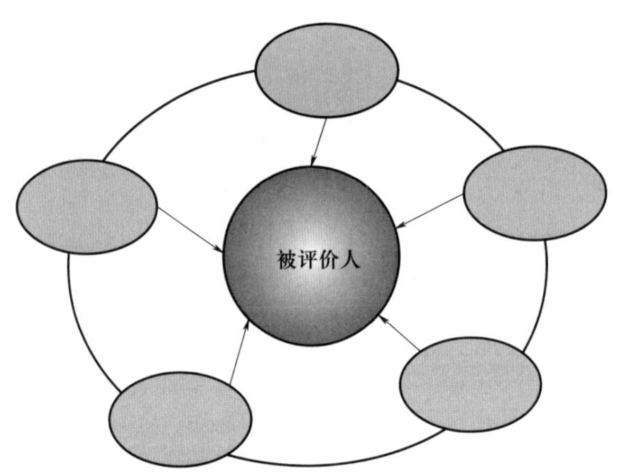

图 3–4　360 度反馈评价体系

5. 对被评价人进行综合评价，填写表 3–11，找出被评价人的不足之处并加以提升。

表 3–11　　**评价等级量表**

问题	评价等级			
	优	良	中	差
例：你对他工作的认可度				

开放式问题

问：你对他的工作认可度是怎样的？

答：

6. 完成表 3–12 的填写，根据评价的结果向被评价人反馈意见，以帮助被评价人提高能力水平和业绩水平。

表 3–12　　评价结果与反馈意见

评价结果	反馈意见

7. 毛利率是衡量企业每单位销售收入中用于覆盖成本和产生利润的比例的重要指标，它可以用来评估企业的盈利能力。基于此，请结合毛利率的计算和分析，评估你的婚纱广告设计类合伙企业的盈利能力。

毛利率的计算公式如下：毛利率 =（销售收入 – 销售成本）/ 销售收入 ×100%，准备好相关数据，填写表 3–13，进行毛利率计算。

表 3–13　　毛利率计算

相关数据	金额	毛利率
预测销售收入		
预测销售成本		

8. 商业模式画布是一种被广泛应用的商业模型设计工具，它能够全面而系统地描述一个企业的商业模式。请运用商业模式画布的九个要素，详细描述你的婚纱广告设计类合伙企业的商业模式。

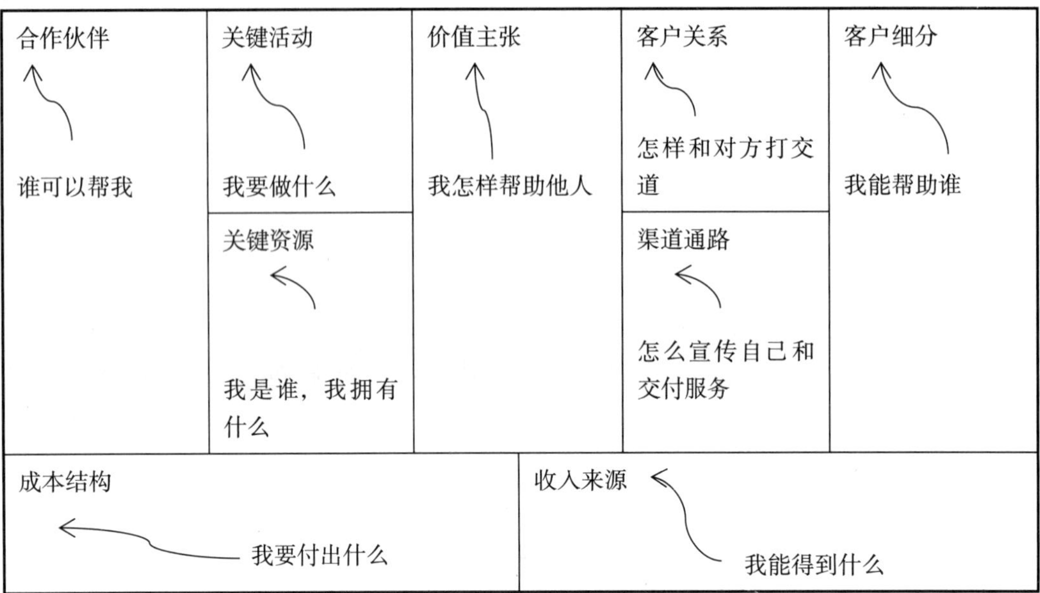

（1）根据以上提示，填写表 3–14，完成商业模式画布的建立。

表 3–14　　商业模式画布的建立

模块	具体内容
合作伙伴	
关键活动	
关键资源	
价值主张	

续表

模块	具体内容
客户关系	
渠道通路	
客户细分	
成本结构	
收入来源	

（2）完成商业模式画布后，对其进行评估和优化，总结经验，完善商业计划书。

学习活动 5　商业计划管控

1. 充分了解影响企业的因素，根据项目具体情况，决定企业法律形式的选择，并填写表 3-15。

表 3-15　　项目具体情况及综合考虑决定

考虑因素	具体内容	综合考虑决定
拟创办企业的规模		
创业时所拥有的资金数		
共同创业人数		
创业的观念		
所能承受的风险		
所在行业的发展前景		

2. 请了解企业注册流程，阐述合伙企业注册分为________个步骤。

合伙企业注册：

①

申请：

由全体合伙人指定的代表或者共同委托的代理人向企业登记机关申请设立登记。

②

受理、审查和决定：

申请人提交的登记申请材料齐全、符合法定形式，企业登记机关能够当场登记的，应予当场登记，发给合伙企业营业执照。

3. 供应链风险分析是一种关键的战略工具，它能够帮助企业预测可能出现的风险，并为这些风险制定相应的管理策略。如图 3-5 所示，请你结合供应链风险分析的七个关键要素——供应商风险、需求风险、库存风险、物流风险、技术风险、政策与法规风险，以及自然灾害与灾难风险，对婚纱广告设计行业进行全面的风险分析。

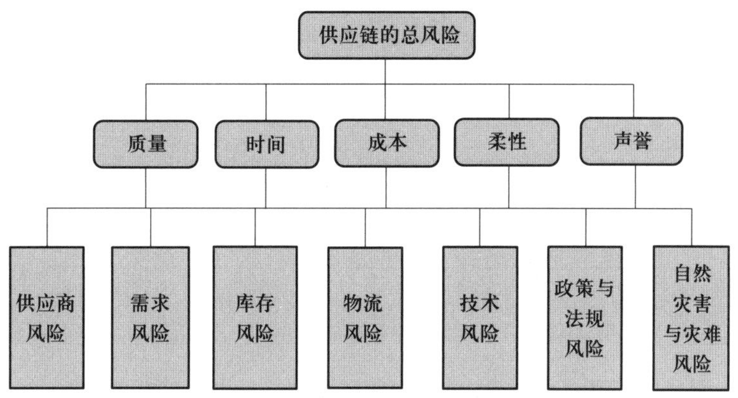

图 3-5　供应链风险分析的七个关键要素

（1）供应商风险。
（2）需求风险。
（3）库存风险。
（4）物流风险。
（5）技术风险。
（6）政策与法规风险。
（7）自然灾害与灾难风险。

4. 根据广告设计类合伙企业商业计划书框架，以表 3-16 的格式为依据，完成商业计划书。

表 3-16　　广告设计类合伙企业商业计划书框架模板

（1）项目名称
（2）企业概述
（3）合伙人和组织结构

续表

（4）市场分析
（5）服务介绍
（6）运营策略
（7）营销和销售策略
（8）财务计划
（9）风险和问题
（10）发展计划

学习活动 6　路演展示总结

1. 请依据你的商业计划书内容，完成项目的路演 PPT 制作，并完成表 3–17 的填写。

表 3–17　　路演 PPT 的核心内容及负责人

PPT 页码	核心内容	负责人
1		
2		
3		
4		
5		
6		
7		
8		
9		
10		
11		
12		

2. 小组在指定的展播设备中展示项目路演 PPT，并推选一个代表简述内容。

3. 其他组以小组为单位，以表 3–18 为依据，给作品打分。

表 3–18　　路演 PPT 评价表

组别		项目名称	

序号	项目	评价指标	分值 0 ~ 12.5
1	项目名称	能够简洁、准确地反映项目的核心概念和商业价值	
2	项目背景	能够提供清晰、全面的市场信息	
3	项目痛点	能够准确地识别并阐述目标市场中存在的关键痛点	
4	解决方案	具有创新性、可行性，且能够有效地解决市场痛点问题	
5	商业模式	选择的商业模式可行，并能够有效地创建、传递和获取价值	
6	创业团队	团队成员具有多元化的技能，能够分工协作互补	
7	风险预测	能够全面地预测可能存在的风险	
8	风险措施	对应前面预测的风险，能够制订应对策略和风险缓解计划	
总分			
综合评价	请根据下列提示，分别写出该计划书的优缺点（不少于 2 点）。 1. 商业计划书较好的地方： 2. 商业计划书需要改进的地方及改进建议：		

评价人：　　　　　　　　　　　　　　　　　　　　　　年　月　日

完善计划书与 PPT，交付文件

1. 完善本次广告设计企业的商业计划书与项目 PPT，于线上提交文件。

2. 于线上提交项目小结，反思本次任务的学习情况。

学习任务四　科技产品类有限责任公司创办策划

教学目标

1. 能够调研和分析科技产品类有限责任公司创办策划中的市场背景，包括收集和解读行业报告、供应链分析，以便为企业的建立提供准确的基础信息和数据支持。

2. 能够学习并运用创新创意规划的具体理论和方法，如马斯洛需求模型和六顶帽子思考法，在实际中推动产品设计的创新思考。

3. 能够遵循创业决策设计的流程，理解并运用最小可行性产品（MVP）和用户旅程地图的具体应用技巧，确保产品设计有明确的方向和路径。

4. 能够识别和执行商业落地实施的关键环节，包括有效管理创业团队、跨部门协作、4P营销组合和商业模式画布的实际运用，以推动科技产品的有效上市和运营。

5. 能够掌握并运用商业计划管控的专业知识，包括选择适当的企业法律形式、进行原材料风险评估、制订应急计划，并撰写针对科技产品类有限责任公司的具体商业计划书。

6. 能够根据已制订的商业计划书，设计并完成科技产品类有限责任公司路演PPT，根据评价表进行精确的自我评价和优化。

7. 能够通过路演自行检验商业计划书的有效性，分析反馈的结果信息，并依据分析结果优化商业计划书，撰写详细的路演报告。

8. 能够依据投资者的具体反馈，灵活调整和优化商业计划书，并组织路演报告，及时整理和管理路演相关材料。

9. 能够系统地对学习和工作经历进行反思总结，与团队成员和其他相关人员建立并维持良好的合作关系，确保有效沟通。

学习活动 1　市场背景调研

任务导入

<table>
<tr><td colspan="3">任务名称：科技产品类有限责任公司创办策划</td></tr>
<tr><td colspan="3">任务内容描述：
某蓝天学院即将毕业的某学生，期望在自己家乡的一个新兴的科技园区，创立一家专注于提供创新科技解决方案的科技产品有限责任公司。该公司主要服务于35～55岁的中高级管理人员，以及追求业务效率提升和有意愿为此投入一定成本的企业客户。为了达成这个目标，该学生计划投入500万元人民币，其中包括公司注册、办公室租金、硬件设备购置、软件开发、员工薪酬等初期投入。由于该学生缺乏足够的创新创业能力，他需要在接下来的15天内通过参加一门创新创业课程来弥补这个不足。在课程中，他将进行科技产品公司创办策划，学习如何从产生科技创新构思到形成创业计划书并进行路演。
科技组：负责规划公司选址、设计产品、行业背景调查、可行性分析等方面。同时，需要考虑如何宣传推广，还要进行风险评估。
该项目包含以下6个项目的策划内容：
1. 市场背景调研
2. 创新创意规划
3. 创业决策设计
4. 商业落地实施
5. 商业计划管控
6. 路演展示总结
任务最终以交付商业计划书和路演的形式进行效果检验。</td></tr>
<tr><td colspan="2">任务开始时间：　年　月　日</td><td>任务结束时间：　年　月　日</td></tr>
<tr><td colspan="3">最终交付商业计划书的文件格式：Word 文档、PPT 文档</td></tr>
<tr><td>项目要求</td><td colspan="2">1. 商业计划书包括项目背景、现状分析、解决方案、商业模式、创业团队和风险预测等内容。
2. 最终交付 Word 版商业计划书和路演 PPT，并进行路演。</td></tr>
</table>

1. 行业报告通常是由专业机构撰写的，通过收集和分析大量数据来详细评估特定行业的市场规模、竞争格局、发展趋势、机会和挑战等信息。这些报告为企业、投资者和政策制定者洞察行业动态和趋势提供了重要参考依据，有助于理解行业内部、外部因素的影响，并为决策制定提供基础和依据。请你依据自己的所学专长，搜索自己所学专业领域的行业报告，对对应的产品 / 服务行业进行详细地评估和分析，填写表 4–1，并形成自己的科技产品行业报告。

具体步骤

（1）收集数据。

（2）分析数据。

（3）进行市场研究。

（4）编写报告。

（5）审核和发布。

表 4–1　行业评估分析表

行业报告	含义	具体内容
市场概况	行业的定义、范围和背景介绍	
市场规模和趋势	行业的市场规模、增长率、市场份额等相关数据	
竞争格局	行业内主要竞争者的市场份额、战略定位、产品特点等	
发展趋势	行业内的新兴趋势、技术创新、消费者偏好等	
机会和挑战	行业面临的机会和发展前景，以及可能的挑战和风险	
政府政策	政府对行业的法规、政策和监管环境等方面的影响	
建议和战略	根据分析结果提出的建议和战略，帮助企业制订相应的经营决策	

2. 简述供应链分析的内容。

供应链分析涵盖了许多方面，其中包括对供应链的________结构、________成本、________流程、________风险和________指标等进行全面的研究和评估。这项分析的目的是通过识别供应链中的优势和短板，以便优化供应链运作、提高效率、降低成本，并提升企业的竞争力。

3. 对企业供应链中所有环节和关键流程进行全面评估、分析和优化。

（1）供应链网络结构分析。

（2）供应链成本分析。

（3）供应链流程分析。

（4）供应链风险评估。

学习活动 2　创新创意规划

1. 马斯洛需求模型是一种用于解释人类需求层次和动机的心理理论，该模型将需求分为五个层次：生理需求、安全需求、归属与爱的需求、尊重需求、自我实现需求，并认为每个层次的需求在满足一定程度后，才会激发个体追求更高层次需求的动机。该模型对于理解个体的动机和行为具有重要意义，为满足人类的多样化需求提供了指导，对心理学及其相关领域产生了深远影响。请理解各个层次的特点和关系，在图 4–1 中写下与需求层次相对应的科技产品。

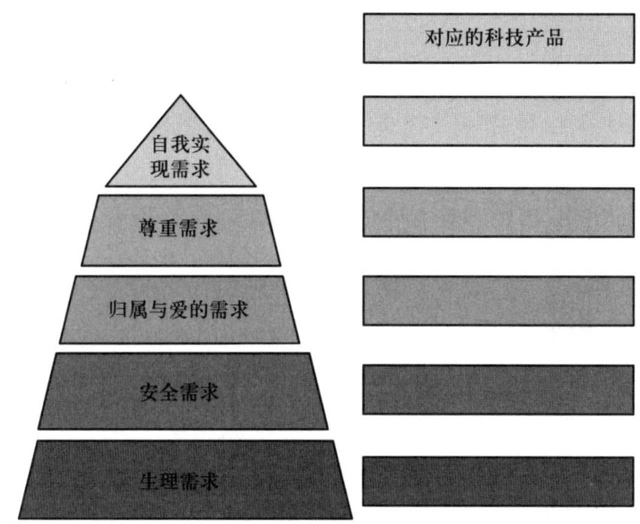

图 4–1　马斯洛需求模型及相对应的科技产品

2. 请你利用马斯洛需求模型，从五个层次出发，结合科技产品的特性，进行创新创意规划，填写表 4–2，并找出科技产品类可能的创意点和发展方向。

表 4–2　五个需求层次及对应的具体措施

需求层次	具体措施
生理需求	
安全需求	
归属与爱的需求	
尊重需求	
自我实现需求	

3. 将产生的想法进行综合评价与优化，记录在表 4–3 中。

表 4–3　　你的创意及最想实施的想法

序号	创意的想法
1	
2	
3	
最想实现的创意	

4. 六顶帽子思考法是一种代表六种不同思维模式的工具，包括关注客观事实的白色帽子，象征创造力的绿色帽子，代表乐观和建设性思考的黄色帽子，用于批判和质疑的黑色帽子，展现情感和直觉的红色帽子，以及管理整个思考过程的蓝色帽子，如图 4–2 所示。请你开展六顶帽子思考法活动，与组员展开讨论，填写表 4–4，并从不同的角度思考你的创意。

图 4–2　六顶帽子思考法

表 4–4　　六顶帽子思考法活动记录

帽子类型	问题思考结果
白色帽子	
绿色帽子	
黄色帽子	
黑色帽子	
红色帽子	
蓝色帽子	

5. 总结你在使用工具时所遇到的难题，并记录你的创新想法。

总结

（1）遇到的问题：

（2）创新的想法：

学习活动 3　创业决策设计

1. 最小可行性产品（MVP）是一种产品开发策略，能够帮助企业尽早地将产品推向市场，以便快速获取客户反馈并进行产品迭代。请根据你所学专业的知识和技能，为你的科技产品类有限责任公司设计一个最小可行性产品，请考虑产品的关键特性、用户需求、市场定位等因素，并阐述用户对你的 MVP 的使用感受，完成表 4–5 的填写。

表 4–5　最小可行性产品制作

<table>
<tr><td colspan="2">目标：</td></tr>
<tr><td colspan="2">主要功能：</td></tr>
<tr><td>草图：</td><td>用户需求：
①
②
③
④
自由描述：</td></tr>
<tr><td colspan="2">记录用户试用感受</td></tr>
<tr><td colspan="2"></td></tr>
</table>

2. 用户旅程地图是一个从用户角度展示与产品或服务互动过程的图形工具，包含阶段、用户行为、触点和用户情感等关键元素。它是一个动态的工具，能够帮助产品开发团队理解用户的需求和痛点，识别并解决体验过程中的问题，进行创业决策。请结合你的科技产品项目，在图 4–3 中画出你的用户旅程地图。

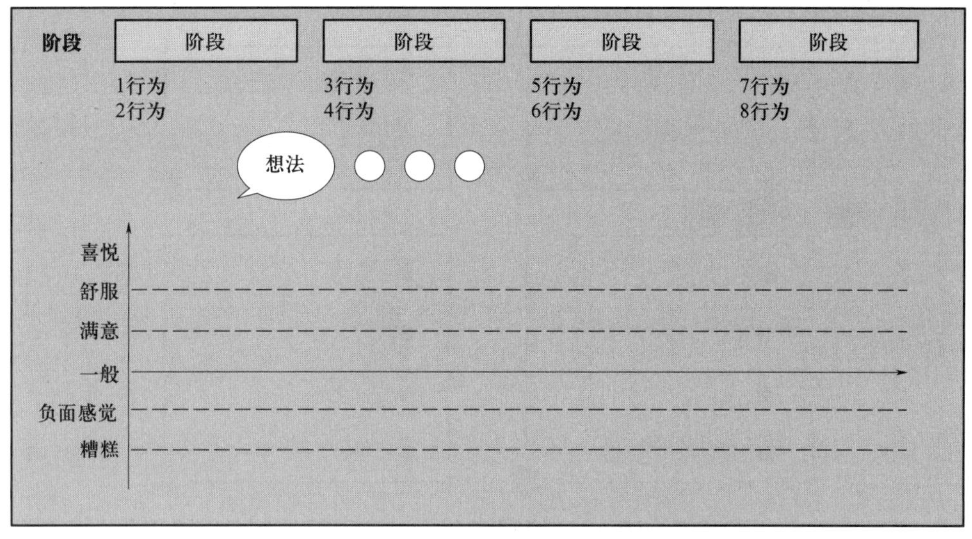

图 4–3　用户旅程地图（与科技产品项目相结合）

3. 根据下面的具体步骤建立用户旅程地图，并找到客户最关注的点。

具体步骤：

（1）定义目标用户。

（2）识别关键阶段。

（3）收集数据和洞察。

（4）创造用户角色。

（5）绘制用户旅程地图。

（6）分析用户体验。

学习活动 4　商业落地实施

1. 请确定创业部门负责人的角色身份。

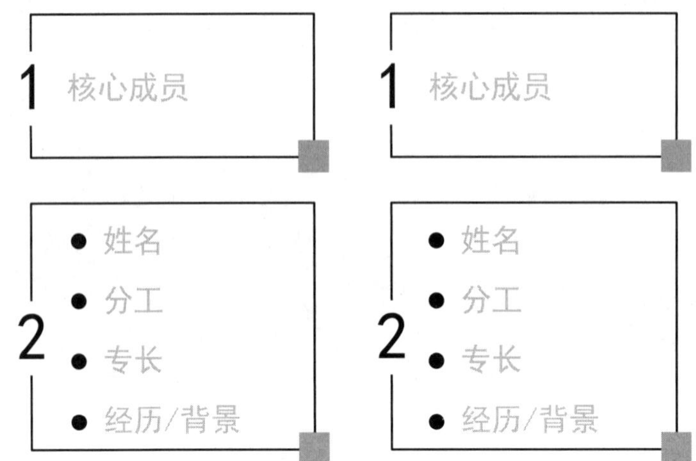

2. 请设计创业团队成员的股权，填写表 4–6，并在图 4–4 中以饼形图的形式具体展现。

表 4–6　　创业团队成员股权分配表

创业团队	具体占比

图 4–4　创业团队成员股权分配图

3. 管理创业团队有六大要求。

（1）信仰决定氛围。

（2）有层级的扁平化：追求决策扁平，而不是结构扁平。

（3）高度的透明化与公开化。

（4）善于复盘，疏通瓶颈。

（5）培养员工的创始人精神。

（6）让团队产生共鸣。

请你根据这六大要求，制定具体措施，以便更好地管理自己的创业团队。

具体措施

（1）有一个可以实现的、团队共鸣的发展目标。

（2）留住人才。

（3）增强团队的凝聚力。

（4）提高团队的执行力。

（5）激发团队的创造力。

4. 跨部门协作是不同部门之间的合作与协调过程，通过信息共享、资源整合、专业知识与技能互补、协调决策及监控评估，以共同完成一个项目或实现既定目标。在这个过程中，领导的配合性和清晰的沟通机制尤其关键，它不仅涉及计划、目标、执行流程的明确，还包含了团队成员的合作态度和行动。请阅读知识模块 4 的内容，简述在跨部门协作时，最重要的是什么？

最重要的是：

5. 怎么解决跨部门协作的难点？请填写表 4–7。

表 4–7　　跨部门协作的难点与解决方法

难点	解决方法
事情启动不了	
事情推动不了	
部门之间步调不一致	
…	

6. 4P 营销组合是一种策略工具，主要用于确定产品、价格、渠道和促销四个营销要素。请依据你的项目情况，填写表 4–8，结合 4P 营销组合的四个维度，设计出一套市场营销策略方案，以帮助公司实现营销目标。

表 4–8　　营销要素及具体措施

营销要素	具体措施
产品策略	
价格策略	
渠道策略	
促销策略	

7. 请运用商业模式画布的九个要素，详细描述你的科技产品项目的商业模式。

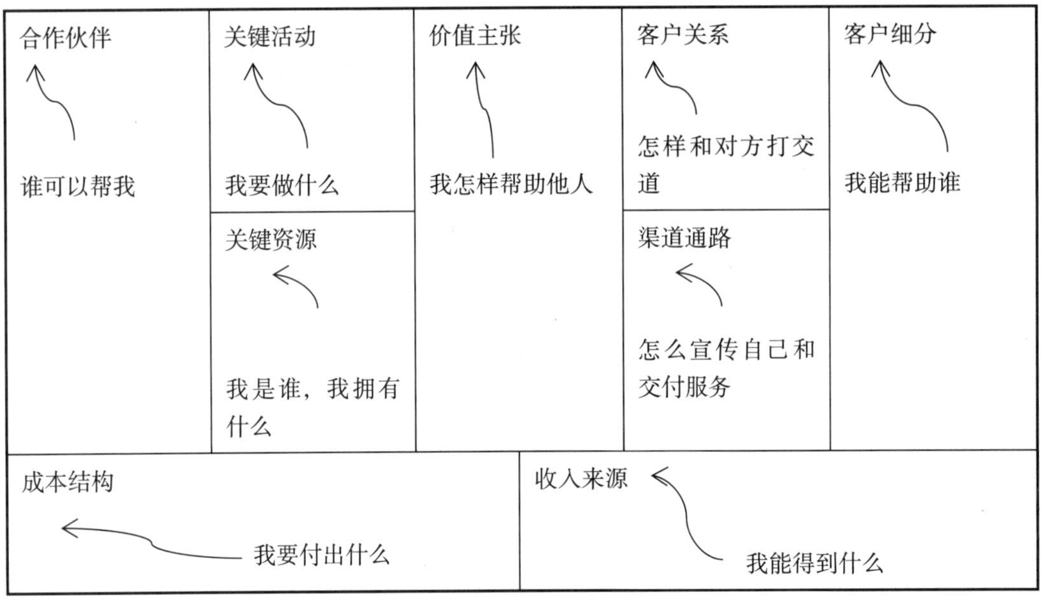

<table>
<tr><td rowspan="2">合作伙伴
谁可以帮我</td><td>关键活动
我要做什么</td><td rowspan="2">价值主张
我怎样帮助他人</td><td>客户关系
怎样和对方打交道</td><td rowspan="2">客户细分
我能帮助谁</td></tr>
<tr><td>关键资源
我是谁，我拥有什么</td><td>渠道通路
怎么宣传自己和交付服务</td></tr>
<tr><td colspan="2">成本结构
我要付出什么</td><td colspan="3">收入来源
我能得到什么</td></tr>
</table>

（1）根据以上提示，完成表 4–9 的填写以及商业模式画布的建立。

表 4–9　商业模式画布的建立

要素	具体内容
合作伙伴	
关键活动	
关键资源	
价值主张	
客户关系	
渠道通路	
客户细分	
成本结构	
收入来源	

（2）完成商业模式画布后，对其进行评估和优化，总结经验，完善商业计划书。

学习活动 5　商业计划管控

1. 根据综合考虑决定企业法律形式，并完成表 4–10 的填写。

表 4–10　　企业法律形式的考虑因素

考虑因素	具体内容	综合考虑决定
拟创办企业的规模		
创业时所拥有的资金数		
共同创业人数		
创业的观念		
所能承受的风险		
所在行业的发展前景		

2. 请了解企业注册流程，阐述有限责任公司注册分为________个步骤。

有限责任公司注册：

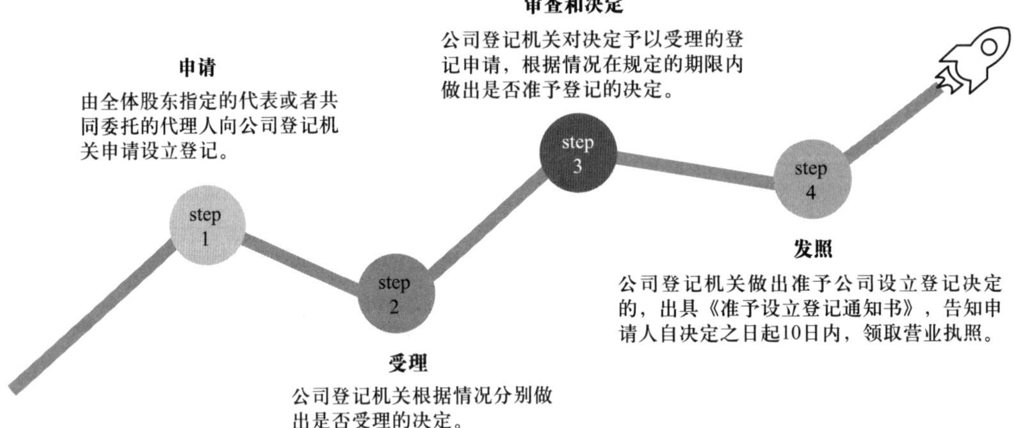

3. 原材料风险评估是对企业原材料供应链中潜在风险的识别、评估与管理。此评估涵盖供应商可靠性、供应链可见性、市场供需、法律合规、资金支付、战略地缘政治、过程质量控制等多个方面。根据原材料评估内容的学习，对企业所使用的原材料供应链中存在的潜在风险进行识别、评估和管理，然后制订计划，并完成表 4–11 的填写。

表 4–11　　潜在风险评估类型及具体内容

评估类型	具体内容
供应商可靠性评估	
供应链可见性评估	
市场供需分析	
法律合规风险评估	
资金和支付风险评估	
战略和地缘政治风险评估	
过程和质量控制评估	

4. 根据下列具体步骤，完成原材料风险评估。

（1）确定评估范围。
（2）收集数据。
（3）识别潜在风险。
（4）评估风险严重程度。
（5）优先级排序和制订对策。
（6）实施和监督。
（7）持续改进。

5. 根据科技产品类有限责任公司的框架，以表 4–12 的格式为依据，完成商业计划书的设计。

表 4–12　科技产品类有限责任公司商业计划书框架模板

（1）项目名称
（2）企业概述
（3）公司组织和管理
（4）产品和服务

续表

（5）市场分析
（6）营销和销售策略
（7）研发计划

续表

（8）财务规划

（9）风险评估和管理

（10）拓展策略

学习活动 6　路演展示总结

1. 请依据你的商业计划书内容，完成项目的路演 PPT 制作，并完成表 4-13 的填写。

表 4-13　　路演 PPT 的核心内容及负责人

PPT 页码	核心内容	负责人
1		
2		
3		
4		
5		
6		
7		
8		
9		
10		
11		
12		
13		
14		

2. 小组在指定的展播设备中展示项目路演 PPT，并推选一个代表简述内容。

3. 其他组以小组为单位，以表 4–14 为依据，给作品打分。

表 4–14　　　　路演 PPT 评价表

组别			项目名称	
序号	项目	评价指标		分值 0 ~ 12.5
1	项目名称	能够简洁、准确地反映项目的核心概念和商业价值		
2	项目背景	能够提供清晰、全面的市场信息		
3	项目痛点	能够准确地识别并阐述目标市场中存在的关键痛点		
4	解决方案	具有创新性、可行性，且能够有效地解决市场痛点问题		
5	商业模式	选择的商业模式可行，并能够有效地创建、传递和获取价值		
6	创业团队	团队成员具有多元化的技能，能够分工协作互补		
7	风险预测	能够全面地预测可能存在的风险		
8	风险措施	对应前面预测的风险，能够制订应对策略和风险缓解计划		
总分				
综合评价	请根据下列提示，分别写出该计划书的优缺点（不少于 2 点）。 1. 商业计划书较好的地方： 2. 商业计划书需要改进的地方及改进建议：			

评价人：　　　　　　　　　　　　　　　　　　　　年　月　日

 完善计划书与 PPT，交付文件

1. 完善本次科技产品公司的商业计划书与项目 PPT，于线上提交文件。

2. 于线上提交项目小结，反思本次任务的学习情况。

创新创业知识与技能

知识模块 1　市场背景调研

创业小故事

摩拜单车：从无到有，改变城市出行方式

摩拜单车是一家于 2015 年创办的共享单车公司，目的在于解决城市交通的“最后一公里”问题。产品为一款通过手机应用程序控制的共享自行车服务，用户可通过手机找到附近的单车，扫码解锁并骑行到目的地后关闭锁完成共享。摩拜单车不仅提供了一种快速、便捷、环保的出行方式，作为一种非机动交通工具还有助于减少碳排放，提供了一种相对于出租车或其他打车服务更为经济的出行方案。截至 2018 年，摩拜单车在全球范围内拥有超过 900 万辆自行车，覆盖了 200 多个城市。这一创新的共享模式不仅为城市居民的日常出行提供了极大便利，还推动了全球共享经济的进一步发展，成为中国现代城市交通和共享经济的重要标志之一。

一、创新

1. 创新的含义。创新是指以现有的思维模式提出有别于常规或常人思路的见解，利用现有的知识和物质，在特定的环境中，本着理想化需要或为满足社会需求，而改进或创造新的事物，包括但不限于各种产品、方法、元素、路径、环境等，并能获得一定有益效果的行为。

2. 创新的基本特性。主体性、新颖性、价值性。

二、调研方式

1. 网络调研。利用互联网进行市场调研，包括浏览相关行业网站、社交媒体、专业论坛、行业报告等，了解市场趋势、竞争情况、消费者需求等信息。

2. 问卷调查。设计和分发调查问卷，针对潜在客户、目标用户群体进行调查，

了解他们的需求、偏好、行为习惯等，以获取有关市场的定量数据，洞察市场需求。

3. 重点访谈。选择目标用户、行业专家、业内从业者等进行深入访谈，了解他们的观点、反馈和建议，从中获取有关市场的定性数据和见解。

4. 实地考察。到实际场地或目标市场进行考察，观察人流量、竞争对手、产品陈列等情况，通过直接感知市场现状和环境来获取信息。

5. 市场数据分析。收集和分析市场数据，如行业报告、销售数据、市场调研数据等，对市场规模、增长趋势、竞争格局等进行分析，以获得定量信息支持决策。

6. 竞争对手分析。对竞争对手进行研究和分析，包括产品特点、定价策略、营销活动等，以了解市场中的主要竞争力量。

> 市场背景调研包括利用互联网进行（网络调研），设计和分发问卷进行（市场调研），选择目标用户、行业专家、业内从业者等进行（重点访谈），到实际场地或目标市场进行（实地考察），收集市场数据进行（整理和分析），对竞争对手进行（研究和分析）。这些方法可以帮助我们了解市场趋势、竞争情况、消费者需求等信息，为决策提供定量和定性的数据支持。

三、位置分析

位置分析是市场背景调查中的一项重要工作，旨在评估和确定企业、产品或服务在目标市场中的地理位置和定位。通过综合考虑目标市场的地理特点、人口统计数据、消费者行为习惯、竞争对手的布局以及其他相关因素，为企业提供关于如何在特定地理区域内开展业务的重要信息。

在位置分析中，需要考虑以下几个方面：

1. 地理特点。在位置分析中，需要对目标市场的地理特点进行详细研究，包括地理位置、气候条件、地形地貌、交通网络、城市布局等因素。这些因素将对企业的运营模式、物流配送、市场覆盖范围等方面产生影响。

2. 人口统计数据与经济指标。人口统计数据是位置分析的重要依据之一，包括目标市场的人口规模、年龄结构、性别比例、教育水平、收入水平等信息。经济指标，如 GDP、消费支出等也提供了关于目标市场经济活力和消费潜力的重要参考数据。

3. 消费者行为与需求分析。了解目标市场的消费者行为与需求是位置分析非常重要的一部分，包括对消费者偏好、购买习惯、消费动机以及对产品或服务的需求程度等进行深入分析。通过了解消费者的行为和需求，企业可以更好地定位自己的产品或服务，并制定相应的营销策略。

4. 竞争环境与市场格局。在位置分析中，了解竞争对手的布局和市场格局是十分重要的，包括竞争对手的定位策略、市场份额、销售渠道、产品特点等。通过对竞争环境的深入分析，企业可以找到自身的竞争优势并制定相应的差异化策略。

5. 法律、政策与文化因素。法律、政策与文化因素对商业运营有着重要影响。在位置分析中，需要了解目标市场的法律法规、政府政策支持以及当地文化习俗等方面的信息。这些因素将直接影响企业在该地区的经营方式和市场适应性。

拓展理解

目标	描述
位置分析	饮品店的选址，包括地址、周边环境、交通情况等
竞争对手	饮品店周边的竞争对手，包括他们的经营范围、价格定位、口碑等
消费者行为	饮品店周边的消费者行为，包括他们的消费习惯、购买频率、消费心理等
文化习俗	饮品店周边的文化习俗，包括当地的风俗习惯、文化背景等
居民收入水平	饮品店周边的居民收入水平，包括他们的职业、收入来源、消费能力等

创业小故事

亚马逊的创业之路

亚马逊是于 1994 年创立的全球性电子商务和云计算公司。最初，亚马逊作为一家在线图书商店开始运营，目的是通过互联网为消费者提供更加方便快捷的书籍购买渠道。随着业务的不断扩展，亚马逊逐渐成为全球最大的在线零售平台，出售各类商品，从图书、电子产品到日常生活用品等。亚马逊的产品还包括了一系列数字化服务，例如 Kindle 电子阅读器和 Amazon Web Services（AWS）等。Kindle 解决了纸质书携带不便的问题，为用户提供了随时随地的阅读体验；AWS 则为企业提供了灵活、可扩展的云计算服务，使其能够无须投资昂贵的硬件即可获得强大的计算能力。截至 2020 年，亚马逊的年营收额超过 3 860 亿美元，显示了其在全球范围内的广泛影响力和成功的创新实践。这些创新产品不仅极大地方便了消费者的购物和日常生活，还推动了全球电子商务和云计算技术的进一步发展。

四、口碑调查

口碑调查是一种市场研究方法，通过收集、分析和评估消费者对产品、品牌或服务的口碑信息评估其在市场中的声誉和知名度。口碑调查旨在了解和量化消费者对某个特定产品或品牌的意见、感受和评价，并通过口碑信息识别潜在的优势、问题或改进点。

口碑调查通常包括以下方面的内容：

1. 消费者反馈。通过调查问卷、访谈、社交媒体分析等方法，收集消费者对产品或品牌的主观评价。这些评价可以涉及产品质量、性能、价格、客户服务等方面的内容。消费者的反馈可以从积极和消极两个角度进行分析。

2. 口碑传播。口碑调查关注消费者之间的信息传播过程。研究人员会追踪和分析消费者如何通过社交媒体、在线论坛、口耳相传等渠道传播该产品或品牌的有关信息。这有助于确定与产品相关的关键话题、热点问题以及信息的扩散程度。

3. 影响力分析。通过分析口碑信息的来源和传播路径，确定哪些人、哪些渠道对消费者的观点和决策产生了重大的影响。这有助于识别关键意见领袖，了解他们如何塑造消费者的态度和行为，并制定相应的营销策略。

4. 竞争对比。口碑调查会比较不同产品或品牌之间的口碑表现。通过评估竞争对手的口碑，了解消费者对其产品或品牌的认知和偏好，帮助企业在市场竞争中找到差距和机会。

5. 口碑监测。口碑调查需要持续进行监测和跟踪，以了解口碑信息的变化趋势和演变过程。通过定期收集和分析口碑数据，可以发现市场动态、消费者变化和产品改进方向等重要信息。

通过口碑调查，企业可以了解消费者对其产品或品牌的看法，了解消费者的需求和期望，及时发现问题并做出改进。同时，通过积极管理口碑，企业还可以提升产品或品牌的声誉，建立良好的品牌形象，并提高市场竞争优势。

拓展理解

目标	描述
口碑调查	饮品店的口碑调查，包括消费者反馈、大众点评、竞争对比、调查结果总结等
消费者反馈	饮品店的消费者反馈，包括他们对饮品店的评价、意见、建议等
大众点评	饮品店在“大众点评”等平台上的评价情况，包括评分、评论数量、评价内容等
竞争对比	饮品店与竞争对手的对比情况，包括价格定位、口碑、经营范围等
调查结果总结	饮品店的口碑调查结果总结，包括调查的数据、结论、建议等

五、SWOT 分析

SWOT 分析是一种常用的战略管理工具，用于评估一个组织、产品、项目或个人的优势、劣势、机会和威胁。通过分析内部和外部的环境因素，帮助组织或个人制定战略

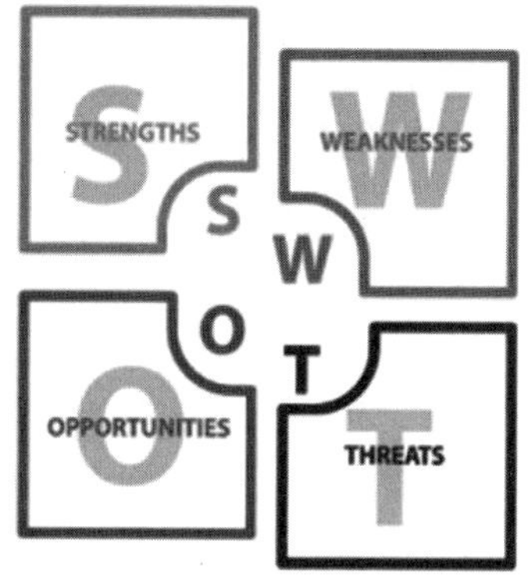

决策，并发现潜在的发展机遇和挑战。SWOT 分析涵盖了四个关键要素：优势（Strengths）、劣势（Weaknesses）、机会（Opportunities）和威胁（Threats）。

运用这种方法，可以对研究对象所处的情景进行全面、系统、准确的研究，从而根据研究结果制定相应的发展战略、计划以及对策等。

优势是指相对于竞争对手的内部有利条件，是组织机构的内部优势因素，具体包括有利的竞争态势、充足的财政来源，良好的企业形象、技术力量、规模经济、产品质量、市场份额、成本优势、广告攻势等。

劣势是指相对于竞争对手的内部不利条件，也是组织机构的内部劣势因素，具体包括设备老化、管理混乱、缺少关键技术、研究开发落后、资金短缺、经营不善、产品积压、竞争力差等。

机会是指外部环境中对组织、产品、项目或个人发展构成有利因素的机遇，是组织机构的外部机会因素，具体包括新产品、新市场、新需求、外国市场壁垒解除、竞争对手失误等。

威胁是指外部环境中对组织、产品、项目或个人发展构成潜在风险和挑战的因素，是组织机构的外部威胁因素，具体包括新的竞争对手、替代产品增多、市场紧缩、行业政策变化、经济衰退、客户偏好改变、突发事件等。

SWOT 分析的核心思想是将内部和外部的环境因素相结合，识别优势和劣势，并发现机会和威胁。通过充分了解自身的优势和劣势，抓住机遇并积极应对威胁，制定出更加具有竞争力和可持续发展的战略。在实际应用中，可以通过召开会议、进行问卷调查、收集数据等方式进行 SWOT 分析。分析结果可以用于制定营销策略、产品改进、资源配置以及风险管理等方面，帮助组织或个人做出明智的决策和行动。

SWOT 分析是一种用于评估一个组织、产品、项目或个人的优势、劣势、机会和威胁的战略管理工具。其中，优势是指相对于竞争对手的（内部有利条件）；劣势是指相对于竞争对手的（内部不利条件）；机会是指外部环境中对组织、产品、项目或个人发展构成有利因素的机遇，如市场需求的增长和变化、新技术的出现等；威胁是指外部环境中对组织、产品、项目或个人发展构成潜在风险和挑战的因素，如新竞争对手的进入、技术的迅速过时等。通过识别和应对（威胁），可以减少风险并保持企业的竞争力。

拓展理解

SWOT 分析	描述
优势	1. 专业技能：维修店的维修人员具有专业技能和技术，可以提供高质量的维修服务 2. 快速响应：维修店可以快速响应客户需求，提供及时的服务 3. 可靠性：维修店可以提供可靠的维修服务，确保客户设备的正常运行 4. 丰富的经验：维修店拥有丰富的经验，可以解决各种家用设备出现的问题
劣势	1. 竞争激烈：市场上的家用设备维修店数量多，竞争激烈 2. 资金投入：开设家用设备维修店需要较大的资金投入 3. 供应商渠道：需要稳定的供应商渠道来获取维修所需的零部件 4. 技术更新：家用设备技术更新迅速，需要维修人员不断学习和更新技术
机会	1. 市场需求：随着人们生活水平的提高，家用设备的需求不断增加，维修市场也随之扩大 2. 客户群体：家用设备维修店可以服务于广泛的客户群体，包括个人家庭、企事业单位、学校等 3. 服务创新：通过提供创新的服务，例如上门维修、预约服务等，吸引更多客户 4. 市场空白：市场上可能存在一些空白区域，可以通过开设新店铺来填补这些空白
威胁	1. 经济风险：家用设备维修店受经济大环境影响，经济不景气时客户可能减少维修服务的支出 2. 政策法规：政策法规的变化可能对家用设备维修店产生影响 3. 技术变革：家用设备技术的快速变革可能要求维修店不断更新技术，增加成本 4. 供应商风险：供应商可能因为经济原因或者其他原因无法提供稳定的零部件供应，影响维修店的正常经营
市场调研结论	**描述**
市场机会	1. 随着人们生活水平的提高，家用电器的使用频率越来越高，因此家用电器维修的需求也在不断增加 2. 现代人生活节奏加快，人们对于家用电器的维修需求越来越迫切，希望能够快速解决问题 3. 线上平台的发展为家用电器维修店提供了新的销售渠道，可以通过线上平台吸引更多客户 4. 政府对于环保的重视，可能会推动家用电器维修行业的发展，提高行业的整体水平
结论	综合以上分析，家用设备维修店创业项目具有一定的优势和机会，但也存在一些劣势和威胁。因此，创业者需要认真分析市场环境和竞争对手，制定合理的经营策略，以提高自身的竞争力。同时，创业者还需要关注市场机会，不断创新服务，提高服务质量，以满足客户的需求。总之，家用设备维修店创业项目需要创业者具备专业技能和创新意识，才能在竞争激烈的市场中获得成功

创业小故事

阿里巴巴：创业的传奇故事

阿里巴巴集团是于1999年创立的全球领先的电子商务平台。最初，阿里巴巴的主要产品是面向中小企业的B2B在线市场，目的在于解决中小企业间贸易的不透明和效率低下的问题。随着时间的推移，阿里巴巴逐渐扩展了业务范围，推出了包括淘宝、天猫、支付宝等一系列服务平台。淘宝和天猫作为C2C和B2C平台，极大地促进了消费者和商家之间的交流，为用户提供了丰富的商品选择和便捷的购物体验。支付宝则作为一项金融服务，解决了线上支付的安全和便捷性问题，成为中国最大的第三方支付平台。此外，阿里巴巴还积极投入云计算和人工智能等领域，推动了科技创新和工业升级。截至2020年，阿里巴巴的年营收额达到7 173亿元人民币，其产品和服务已覆盖了20余个国家和地区。阿里巴巴集团的创新实践不仅改变了中国零售和支付行业的格局，还在全球范围内产生了深远影响。

六、客户细分

客户细分是20世纪50年代中期由美国学者温德尔·史密斯提出的，其理论依据为客户需求的异质性以及企业需要在有限资源的基础上进行有效的市场竞争。客户细分是指企业在明确的战略业务模式和特定的市场中，根据客户的属性、行为、需求、偏好以及价值等因素对客户进行分类，并提供有针对性的产品、服务和销售模式。按照客户的外在属性分层，通常这种分层最简单直观，数据也很容易得到。

客户细分的内容包括以下几个方面：

1. 市场人口统计学特征。这是客户细分最常见和基本的维度之一，涉及客户的年龄、性别、家庭状况、教育水平、职业等基本信息。通过分析这些特征，可以了解不同客户群体的消费习惯、购买力和需求特点，从而有针对性地开展市场营销活动。

2. 心理和行为特征。除了基本的人口统计学特征，客户细分还应考虑客户的心理和行为特征，包括消费偏好、购买动机、购买过程、品牌忠诚度、消费频率等因素。通过分析客户的心理和行为，可以更好地理解他们的需求和决策过程，从而进行有效的市场定位和推广策略。

3. 需求特点。客户细分还需要考虑客户的需求特点，包括产品需求、服务需求和购买动机。不同的客户群体对产品功能、品质、价格等方面的需求可能存在差异，因此需要针对不同客户群体进行细分，并设计针对性的产品和服务。

4. 消费行为。了解客户的消费行为是客户细分的重要内容之一。消费行为包括客户的购买频率、购买渠道、购买金额等方面。通过分析客户的消费行为，可以确定对于不同客户群体应采取的营销策略，如促销活动、忠诚计划等，以吸引客户并增加销售额。

5. 价值潜力。客户细分还需要评估客户的价值潜力，涉及客户的购买能力、忠诚度、推荐价值等方面。通过评估客户的价值潜力，可以确定对于不同客户群体应采取的不同策略，如提供个性化的服务、定期联系等，以最大限度地挖掘客户的潜在价值。

6. 竞争环境。在客户细分过程中，还需要考虑竞争环境，包括分析其他同行业竞争者的客户细分情况、市场份额、产品特点等。通过了解竞争环境，可以更好地把握市场机遇和威胁，以制定相应的营销策略。

客户细分是一个系统性的过程，需要收集和分析大量的数据和信息，可以通过市场调研、消费者调查、销售数据分析等方法获取客户细分所需的数据。同时，客户细分也是一个动态的过程，需要根据市场变化和客户需求不断进行调整与优化，以确保市场营销活动的有效性和可持续性。

七、PEST 分析

PEST 分析是指对宏观环境的分析，P 指政治（Political），E 指经济（Economic），S 指社会（Social），T 指技术（Technological）。在分析一个企业或组织所处背景的时候，通常通过这四个因素分析企业或组织所面临的状况。

1. 政治因素。政治因素是指对组织经营活动具有实际与潜在影响的政治力量和有关的法律、法规等因素。当政治制度与体制、政府对组织所经营的业务态度发生变化时，当政府发布了对企业经营具有约束力的法律、法规时，企业的经营战略必须随之做出调整。法律环境主要包括政府制定的对企业经营具有约束力的法律、法规，如反不正当竞争法、税法、环境保护法以及外贸法规等。政治、法律环境实际上是和经济环境密不可分的一组因素。处于竞争中的企业必须仔细研究相关的政策和思路，这些相关的法律、法规和政策能够影响各个行业的运营和利润。

2. 经济因素。经济因素是指一个国家的经济制度、经济结构、产业布局、资源状况、经济发展水平以及未来的经济走势等。构成经济环境的关键要素包括 GDP 的变化发展趋势、利率水平、通货膨胀程度及趋势、失业率、居民可支配收入水平、汇率水平、能源供给成本、市场机制的完善程度、市场需求状况等。由于企业是处于宏观大环境中的微观个体，经济环境决定和影响其自身战略的制定，经济全球化还带来了国家之间经济上的相互依赖，企业在各种战略的决策过程中还需要关注、搜索、监测、预测和评估本国以外其他国家的经济状况。

3. 社会因素。社会因素是指组织所在社会中成员的民族特征、文化传统、价值观念、宗教信仰、教育水平以及风俗习惯等因素。构成社会环境的要素包括人口规模、年龄结构、种族结构、收入分布、消费结构和水平、人口流动性等。其中，人口规模直接影响着一个国家或地区市场的容量，年龄结构则决定消费品的种类及推广方式。自然环境是指企业业务涉及地区市场的地理、气候、资源、生态等环境。不同的地区企业由于其所处自然环境的不同，对于企业战略会有一定程度的影响。我国是一个幅员辽阔的国家，这种影响尤其明显，如同一种产品在我国广东地区与在西藏等西北高寒地区的市场营销战略会有较大差距，但很多时候此点会被忽略。

4. 技术因素。技术因素不仅包括那些引起革命性变化的发明，还包括与企业生产有关的新技术、新工艺、新材料的出现和发展趋势以及应用前景。在过去的半个世纪里，技术领域发展迅速，像阿里巴巴、百度、腾讯、华为等高技术公司的崛起改变着世界和人类的生活方式。同样，技术领先的医院、大学等非营利组织，也比没有采用先进技术的同类组织具有更强的竞争力。人工智能（AI）、物联网（IoT）、虚拟现实（AR）、基因技术、机器人、3D 打印机、生物科技、发电及电池、纳米技术等都会影响整个社会的发展，也会影响企业的定位。

PEST 分析通过综合考虑政治、经济、社会和技术因素，为企业提供了有效的市场环境评估工具。企业在进行 PEST 分析时应关注相关数据和信息的收集，确保分析的准确性和有效性。此外，企业还应不断跟踪和更新分析结果，以应对不断变化的市场环境，促进企业的持续发展。

拓展理解

影响因素	定义	具体内容
政治因素	政治因素涉及国家和地区的政府政策、法律法规、政治稳定性等方面的因素	政府的政策和法规可能会影响企业的经营和运营，从而影响婚纱广告设计市场的发展。此外，政治稳定性和政府对广告设计行业的支持程度也会影响市场发展
经济因素	经济因素主要涉及宏观经济状况、金融市场、货币政策、消费者购买力等方面的因素	经济增长和消费者购买力的变化可能会影响市场需求。此外，经济周期和利率变化也可能会影响企业的融资能力和成本，从而影响婚纱广告设计市场的发展
社会因素	社会因素关注人口特征、文化价值观念、社会趋势等因素	社会观念和价值观的变化可能会影响消费者对广告设计的接受程度和需求。此外，人口结构和消费习惯的变化也可能会影响市场需求和发展
技术因素	技术因素主要涉及科技进步、创新能力、信息技术等方面的因素	技术的进步可能会改变广告设计的方式和手段，从而影响市场需求和发展。此外，数字化技术和互联网的发展也可能会改变广告设计行业的运营模式和市场格局

八、行业报告

行业报告是对特定行业进行详细分析和评估的文档或文件，它提供了关于该行业内市场规模、竞争格局、发展趋势、机会和挑战等方面的信息。行业报告可以提供全面的数据、统计数字、图表和分析，帮助人们了解特定行业的现状和未来发展趋势。

行业报告通常由专业机构、研究机构、咨询公司、金融机构等撰写。它们通过收集和分析大量的定性和定量数据，考察市场需求、消费者行为、竞争压力、政府政策法规等因素，使用各种研究方法和工具评估行业的各个方面。

行业报告的内容通常包括以下几个方面。

1. 市场概况：行业的定义、范围和背景介绍。

2. 市场规模和趋势：行业的市场规模、增长率、市场份额等相关数据。

3. 竞争格局：行业内主要竞争者的市场份额、战略定位、产品特点等。

4. 发展趋势：行业内的新兴趋势、技术创新、消费者偏好等。

5. 机会和挑战：行业面临的机会和发展前景，以及可能的挑战和风险。

6. 政府政策法规：政府对行业的法规、政策和监管环境等方面的影响。

7. SWOT 分析：评估行业的优势、劣势、机会和威胁。

8. 建议和战略：根据分析结果提出的建议和战略，帮助企业制定相应的经营决策。

行业报告为企业、投资者、政策制定者和其他利益相关者洞察行业动态和趋势提供了重要的参考依据，有助于进一步了解行业内部和外部因素的影响，为决策制定提供基础资料和依据。

拓展理解

具体步骤	描述
收集数据	1. 收集市场规模和增长趋势数据：获取关于设计科技产品行业的市场规模和预计增长率的数据，包括过去几年的市场数据以及未来几年的预测数据 2. 收集用户需求和购买行为数据：调查用户对科技产品的需求和偏好，并了解他们的购买决策过程和倾向 3. 收集竞争对手分析数据：研究竞争对手的产品和市场份额，了解他们的战略和业务模式，并进行比较分析
分析数据	1. 市场趋势分析：根据历史和预测数据，分析设计科技产品行业的市场趋势，如增长率、行业结构、创新方向等 2. 用户需求分析：基于用户调查数据，分析用户对科技产品的需求和偏好，识别热门产品类别和功能 3. 竞争对手析：通过对竞争对手数据的比较和评估，分析他们的优势和劣势，识别竞争态势和市场机会
进行市场研究	1. 定位目标市场：根据数据分析结果和市场趋势，确定设计科技产品行业的主要目标市场，如消费者市场、企业市场、教育市场等 2. 研究目标市场细分：将目标市场细分为不同的用户群体，了解他们的特点、需求和购买行为，为产品定位和市场推广提供指导 3. 调查竞争对手：深入研究竞争对手的产品和市场策略，掌握他们的产品特点、定价策略、营销手段等信息

续表

具体步骤	描述
编写报告	1. 撰写行业概述：总结设计科技产品行业的背景、市场规模和增长趋势，以及主要竞争对手和用户需求 2. 提供市场分析：详细分析市场趋势、用户需求和竞争态势，为企业制定战略和决策提供参考 3. 探讨发展机会：基于市场研究和分析结果，提出未来设计科技产品行业的发展机会和潜在挑战，促进创新和业务增长
审核和发布	1. 审核报告内容：确保报告准确、清晰、可靠并符合专业标准。检查数据来源和分析方法，确保数据的可信度和可行性 2. 报告发布和传播：选择合适的渠道和平台，发布行业报告，并进行相关宣传和推广，以便吸引目标受众的关注和使用

九、供应链分析

供应链分析是指对企业供应链中所有环节和关键流程进行全面评估、分析和优化的过程。通过对供应链系统的各个方面进行综合研究，可以帮助企业了解供应链运作情况，发现问题和风险，并提出改进措施，以实现供应链的高效运转和业务的持续增长。

供应链分析的内容主要包括以下几个方面。

1. 供应链网络结构分析。对企业供应链网络结构进行分析，包括供应商、生产基地、物流中心和销售渠道等各个环节的布局和组织结构。通过分析供应链网络的优势与劣势，评估不同环节的关键性和风险点，为后续优化提供依据。

2. 供应链成本分析。对供应链中的各个环节进行成本分析，包括采购成本、生产成本、仓储物流成本和销售成本等。通过细致的成本分析，可以找出成本偏高的环节，并针对性地制定控制成本的策略，以提高供应链的整体盈利能力。

3. 供应链流程分析。对供应链中的各个流程进行分析，包括需求管理、采购、生产计划、物流和库存管理等。通过分析各个环节的流程瓶颈和效率问题，找出流程中的改进空间，并提出相应的优化建议，以降低供应链运作的风险和成本。

4. 供应链风险评估。对供应链中的风险进行评估和分析，包括自然风险、市场风险、供应商风险和质量风险等。通过评估供应链中的风险，可以制定相应的风险管理策略，减少潜在的风险带来的损失。

5. 供应链绩效评估。对供应链的绩效进行评估和分析，包括交付能力、库存水平、响应速度、客户满意度和成本效益等。通过对供应链绩效的评估，可以揭示供应链中的短板和改进方向，并为提高企业竞争力提供决策依据。

6. 供应链技术应用分析。对供应链技术应用进行分析和评估，包括 ERP 系统、物流管理系统、供应链协同平台等。通过分析技术应用的成熟度和效果，可以为企业选择合适的技术工具，提高供应链的信息化水平和运作效率。

7. 供应链可持续性分析。对供应链的可持续性进行评估和分析，包括环境影响、社会责任和合规性等方面。通过评估供应链的可持续性，可以识别出潜在的风险和机遇，并制订可持续发展的战略目标和行动计划。

供应链分析是一项系统性的工作，需要对供应链的各个环节和关键要素进行综合深入的研究和评估。通过分析供应链的结构、成本、流程、风险和绩效等方面，可以为企业优化供应链，提高运作效率，降低成本，并增强企业在竞争中的优势。

供应链分析涵盖了许多方面，其中包括对供应链的（组织结构）、（物流成本）、（生产流程）、（供应风险）和（绩效指标）等进行全面的研究和评估。这项分析的目的是通过识别供应链中的优势和短板，以便优化供应链运作、提高效率、降低成本，并提升企业的竞争力。

知识模块 2　创新创意规划

创业小故事

美团：连接消费者与本地商户的创新平台

美团是一家生活服务电子商务平台，于 2010 年创立，一直以创新和独特的业务模式引领行业的发展。美团的产品形态多元化，包括团购、餐饮、打车、酒店预订等，为用户提供了全方位的生活服务。美团的主要目标是解决消费者日常生活中的各种需求，让消费者更便捷、高效地获取和使用各种生活服务。一个具体的创新案例是美团的“随意购”业务。这项服务利用美团庞大的本地商户资源，结合先进的物流配送技术，为用户提供 30 分钟内送达的便利商品购买服务。无论用户在家还是在办公室，只需要通过美团 App 下单，就能迅速收到所需商品，极大地提高了用户的生活便利性。美团“随意购”是对“新零售”概念的创新实践，有效地缩短了消费者与商家之间的距离，提升了消费者的购物体验。根据数据显示，美团“随意购”在 2022 年的交易额达到了 1 000 亿元人民币，市场份额占据了快递即时配送行业的 30%，成为该行业的重要参与者。除了“随意购”，美团还在外卖、酒店预订、打车等业务领域进行了一系列的创新尝试，比如“美团打车”就是对传统出行模式的颠覆，它整合了大量的出行资源，为用户提供了更多元、更个性化的出行选择。美团的成功在于它的创新意识和对用户需求的敏锐洞察，通过提供一站式生活服务平台，让消费者的生活变得更加便捷和舒适。

一、有价值的创业动机

创业动机是引导创业者去创立并发展企业的内在驱动力。创业动机有多种，但有价值的创业动机通常包含以下几个特点：

1. 解决问题。创业者的动机应当是为了解决某个具体的问题，或者满足某个未被满足的需求。这样的动机是有价值的，因为它能够帮助创业者找到并抓住市场机遇，使企业的产品或服务具有竞争优势。

2. 热情和执着。对创业者来说，热爱自己的事业并且坚持不懈，这个动机非常重要。热情可以帮助创业者在面临困难和挫折时保持积极的心态，执着则可以帮助他们坚持下去，直到成功。

3. 为社会做贡献。创业的动机之一是为了给社会带来价值。这种动机不只看重经济利益，更看重社会效益。这样的企业往往能够赢得社会的广泛认可和支持。

4. 个人成长。对于许多创业者来说，创业是一个个人成长和实现自我价值的过程。对于自我提升和自我实现的渴望，是一个重要且有价值的创业动机。

5. 创新和挑战。很多创业者对于创新和挑战充满热情，他们期望通过自己的努力打破现状，引领行业发展。这种创新精神和挑战精神，对推动社会进步有着重要的价值。

最后，需要强调的是，有价值的创业动机并不能保证创业的成功，但它们能够帮助创业者保持正确的方向、对抗困难，以及在失败面前坚韧不拔，从而增加创业成功的可能性。

二、一个好的需求必须包含的条件

经常会听到“需求”“痛点”这样的词语，那么究竟什么是“需求”呢？

我想吃饭，但是我不想自己煮饭，也不想出去吃，怎样才能做到不用煮饭、不用出去也能吃到好吃的饭菜？用户有在线点餐的需求，于是有了外卖点餐 App。

我想唱歌，但是我不想去 KTV，我想随时随地唱歌，并且能够与不同地方的人一起合唱，怎样才能做到呢？用户有在线唱歌和在线合唱的需求，于是有了手机在线唱歌 App。

除了这些场景之外，还有很多人会对某款产品有着各种各样的不满，吐槽这些产品的种种不好和使用时的不爽，这些槽点和问题也是一种需求。

问题就是需求，而产品最终就是要解决问题的。另外，越来越多的人都向往着追求更加优质的生活，因此，欲望也是需求，而产品就是要满足用户的欲望，让用户更开心。

需求是产品必须完成的事以及必须具备的品质，是在构建产品前需要发现的东西。需求总共分为 8 类，分别是以用户为对象的需求，包括基本需求、易用性需求、可操作性需求；以产品运营为对象的需求，包括运营需求、政策及法律需求；以系统为对象的需求，包括安全性需求、性能需求、可维护和可移植性需求。

1. 基本需求。基本需求是解决用户最基本问题的需求，是一个产品的源需求。一个产品的构建就是源于这种类型的需求来开展的。例如，上面说到的外卖 App 和唱歌 App 的例子，在线点餐是一个基本需求，在线唱歌是一个基本需求。在挖掘这类需求的时候可以更多地考虑用户的使用场景，站在用户的角度去思考和挖掘。

2. 易用性需求。易用性需求主要考虑的是用户体验方面的需求，方便用户使用的需求。例如，用户在点外卖的时候是否需要通过一些筛选条件更快速地找到自己想要吃的东西？这时候可以考虑增加一些筛选条件以满足用户的需求，甚至可以根据用户的日常操作或者自定义的标签进行匹配推荐。

3. 可操作性需求。可操作性需求是指产品的操作环境，以及对该操作环境必须考虑的问题。有些需求并非在任何场景下都适用。例如，构建电脑端的产品，在探索用户是否有定位的需求时，需要考虑这个定位功能的可操作性，因为电脑并没有 LBS 定位功能，该功能只适用于手机。如果确实有定位方面的需求，就要考虑是否能够通过其他方式实现，例如，通过 IP 跟踪，或者通过将电脑端和手机客户端的账号进行绑定与互通，利用手机 App 上的定位进行判断。

4. 运营需求。运营需求的主要对象为产品运营本身或者公司的运营部门，这类需求是为了方便开展运营工作而设置的。例如，置顶、推荐、排行榜、数据统计等方面的需求。

5. 政策及法律需求。政策及法律需求是为了保证产品本身以及用户的使用不触犯法律。例如，平台要做好内容审核，UGC 产品、社交产品要考虑敏感词汇过滤的需求，视频网站、直播网站要注意考虑防止色情淫秽内容传播的需求。

6. 安全性需求。安全性需求方面，需要考虑产品的安全保密性、支付的安全性以及用户信息的安全性。涉及购买和支付方面的产品、电子商务方面的产品以及金融类产品也要注意安全性需求；在线视频教育的产品，如果没有考虑安全性方面的需求，很容易被别人盗取收费视频。

7. 性能需求。性能需求是指功能的实现能够达到多快、多可靠，能处理多少量、达到多精确。有一个数据统计后台的产品，被吐槽说翻页这个功能的体验做得不是很好，没有显示总共有多少页。公司给出的解释是，翻页的地方如果做显示页数的功能，系统需要先计算页数，然后再显示页数，而系统中的数据量非常大，每次从大量的数据中查询后再显示会拖慢系统的速度。特别是后台类的产品或者比较大型的产品，更加需要考虑性能需求。

8. 可维护和可移植性需求。可维护和可移植性需求主要是考虑以后是否有系统维护或者转移方面的需求。

拓展理解

条件	描述
饮品店的需求	饮品店的需求应该具备一定的可行性、可持续性和可实现性，同时还应该符合市场需求和竞争环境。例如，饮品店需要采购高质量的原材料，制定合理的价格策略，提高生产效率，提升服务质量，控制成本等。此外，饮品店还需要考虑如何应对市场变化，如何提高消费者满意度，如何吸引新顾客等问题
包含的关键条件	饮品店需求应该包含原材料采购、生产加工、销售管理、人力资源管理、财务管理等方面的关键条件。例如，饮品店需要采购高质量的原材料，如水果、奶制品等

三、差异化思维

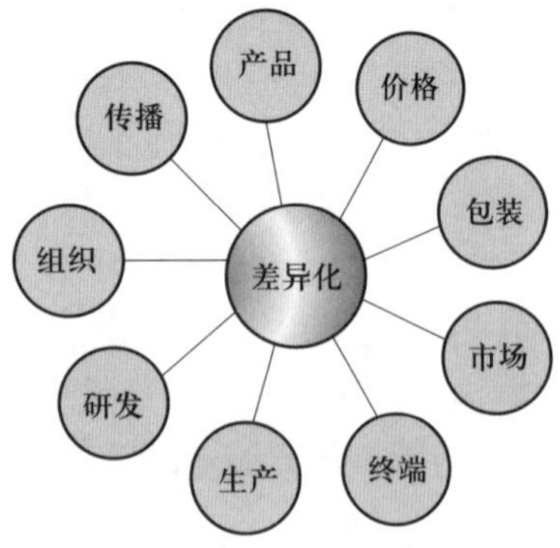

差异化思维是破除常规的逆向思考，反从众、反主流地向外看，识别边缘空间，从全局视角出发，重构价值链条和差异化优势的思维能力。

创新思维模型是获取创新力、发挥创新力的抓手，它使得创新力可以习得、可以应用、可以提升和积累。差异化思维由两大思维模型支撑，分别是错位竞争和低端颠覆。错位竞争是差异化思维的基本模型，是创新基本的两大方向之一。低端颠覆是差异化思维的高级应用，是错位竞争的一种高级方式。

1. 错位竞争。与其更好，不如不同，这就是错位竞争的思维方式。通常情况下，绝大多数人比的是“更好”——人无我有，人有我优。而“与其更好，不如不同”的关键核心是“不同”。把这种思维方式扩大为战略的话，就是错位竞争。

初创企业、新兴业务要提高自己的成功率，不是比其他企业做得更好，而是要跟其他企业有所不同。

2. 低端颠覆。低端颠覆式创新是经典创新理论，这个思维模型甚至定义了商业创新领域的一个专有名词——颠覆式创新。

之所以称为“颠覆”，是因为这种创新一旦成形，往往影响巨大，甚至对原有主流市场带来颠覆性的冲击。但是颠覆性创新的产品刚出来的时候，它的性能往往不能满足主流市场，一开始只能拥有一些边缘消费者，这也是它能够满足的第一批消费者。颠覆性产品常常有三个特征：第一，价格更便宜；第二，性能更简单；第三，使用更方便。

这样的创新，既是错位竞争的一种，也是最有力的一种，因为商业进程的大趋势，就是一个让各种功能和服务更便宜、更简单、更方便的进程。商业的进步、市场的扩大、技术的应用，就是要更好地满足普通大众的需求。无论是蒸汽时代、电气时代，还是信息化时代，商业的进步都遵循这个大逻辑。

拓展理解

任务	描述
创意描述	饮品店的主打产品是特色鲜果茶，如芒果冰沙、草莓奶昔等，以及各种口感独特的饮品，如咖啡、奶盖茶等
目标市场	饮品店的目标市场是年轻人和学生群体，他们对于新鲜、健康、美味的饮品有较高的需求。为了满足这一需求，饮品店将提供各种口味的鲜果茶、奶盖茶、咖啡等饮品，并且注重原材料的新鲜和健康。此外，饮品店还可以推出各种优惠活动，吸引更多的消费者

续表

任务	描述
创新点	饮品店将采用无人售卖的方式，消费者可以通过自助点单机点单，提高效率和便利性。此外，饮品店还可以采用线上销售的方式，通过社交媒体等平台吸引更多的消费者。另外，饮品店还可以与其他品牌合作，推出联名款饮品，提高品牌知名度

创业小故事

苹果公司：智能科技领域的领导者

苹果公司于1976年创立，最具代表性的创新案例当属2007年推出的iPhone。iPhone不仅是一部手机，更是一部集合了电话、音乐播放器、互联网浏览器于一体的智能设备，彻底改变了人们的通信方式。

iPhone的推出解决了移动设备多功能整合的问题。在那个时代，人们通常需要携带手机、MP3播放器、PDA等多个设备来满足不同的需求。iPhone的推出，将这些功能融合在一个优雅的设计里，使得消费者可以通过一个设备实现通话、娱乐、工作等多种需求。此外，iPhone还推动了移动应用程序（App）的繁荣发展。通过推出App Store，苹果公司鼓励和促使开发者为iOS平台开发各种应用程序，从而极大地丰富了手机的功能和用途。这一创举不仅改变了软件分发的方式，也为移动互联网时代的到来铺平了道路。至今，iPhone已经发展到多个版本，销售量也达到了惊人的数字。根据数据显示，截至2021年，全球iPhone销量已经超过20亿部。这一产品的成功不仅推动苹果公司成为全球最有价值的公司之一，也在很大程度上定义了现代智能手机的样貌和功能。

iPhone的创新不仅仅是一次技术上的飞跃，它还在设计、用户体验、生态系统建设等方面展示了苹果公司对产品和市场的深刻理解。它将复杂的技术巧妙地隐藏在简单易用的用户界面之后，使得更多的人能够享受到数字时代的便捷和乐趣。

四、SCAMPER法

SCAMPER法，又被称作奔驰法，是由鲍勃·埃伯勒（Bob Eberle）于1971年创建的一种思维工具。这种方法在设计冲刺阶段常被用于激发团队的创意和想法。如图5-1所示，SCAMPER由七个英文单词的首字母组成，分别代表了七种不同的思维方式：

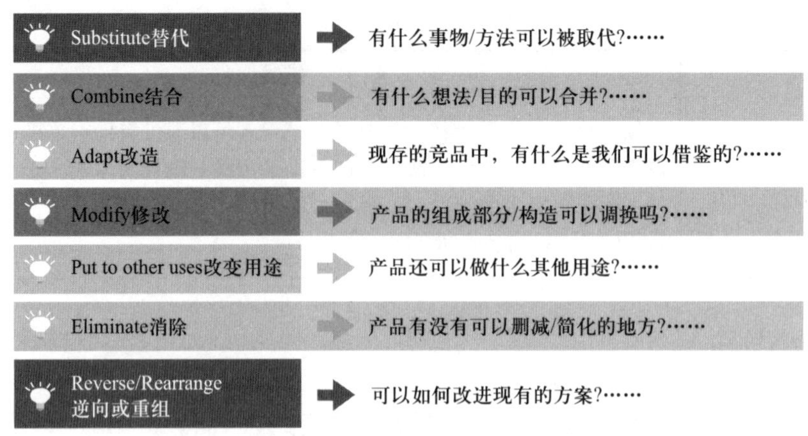

图 5-1 SCAMPER 法

通过尝试以上七种思维方式，可以帮助使用它的人提出非典型的问题解决方案。当很难提出新想法或尝试开发、改善产品或服务时，都可以使用 SCAMPER 法。

SCAMPER 的具体解释如下：

1. S=Substitute（替代）。在对任何主题、产品、服务等进行创新设计时，可以通过“找替代”而获得新的创意。找替代是创新的基本方法之一，可以通过替代地点、材料、人员、环境、方法、项目等实现。例如，咖啡在商场或者专卖店卖，问“还有哪些地方可以卖咖啡且与原来的卖法不一样？”这样就有了瑞幸咖啡；原来的摄影底片是玻璃的，问“还可以找到其他材料吗？”于是柯达发明了胶卷；问“还有什么东西可以替代电脑？”于是就有了智能手机。

2. C=Combine（结合）。创新设计可以利用组合提问而得到答案。

（1）材料组合：比如匈牙利科学家将水泥和纤维组合得到了透光混凝土。

（2）单元组合：比如将照相机、手机、收音机等进行组合，就是现在的智能手机，将智能手机和刮胡刀组合成男士使用的智能手机，将医用透视机和手机组合就是家庭医疗器械手机。

（3）创新组合：将胶片和使用新胶卷的照相机组合得到拍立得，将智能手环和咕咚运动组合获得健康医生。

（4）目的组合：将汽车和飞机组合起来，发明了会飞的汽车。

（5）产品组合：将传感器和记号笔结合起来，发明了电子画笔，这样在远程教学中，教师在白板上画的任何图形都可以被远程看到。

（6）资源组合：将汽油、天然气、太阳能结合起来，获得了混合动力节能汽车等。

通过各种组合，可以发现更多新的创意！

3. A=Adapt（改造）。创新设计可以通过思考“从其他行业或者个人那里，我能借鉴到什么”等问题来实现。“洋为中用，古为今用”就是这个道理。

（1）行业借鉴：将主动销售搬到银行，就有了集团销售部和私人银行；将戴尔电脑的直销模式借鉴到汽车，就有了 Mini Cooper。

（2）创意借鉴：从人力资源外包到 IT 外包、生产外包、服务外包，现在形成一个外包产业链，再到云技术的出现，几乎就是服务外包到网上。

（3）模式借鉴：从网上销售书籍的亚马逊，到电子商务、电子银行等，很多实体企业转为网上企业。

（4）行为借鉴：由鸟会飞，发明了风筝、滑翔机、飞机、宇宙飞船；由带齿的草划破手发明了锯齿；由壁虎在墙上爬行发明了强黏合壁虎手套，使人们可以像蜘蛛侠那样，在垂直光滑的墙壁上行走。

4. M=Modify（修改）。通过思考“产品在哪些方面可以改进”等问题实现创新。

（1）外形改进：乔布斯将电脑操作系统由文字改为图形，就有了视窗和苹果触摸界面。

（2）功能改进：从袖珍游戏机到电视游戏机再到 QQ 游戏。

（3）方案改进：销售人员在卖产品时，会强调产品的功能，这样经常会打价格战，而为了避免价格战，可改为提高产品附加值，比如增加服务。

5. P=Put to other uses（改变用途）。创新设计可以通过询问“该产品还可以有其他什么用途”等来实现。什么是我们可以想到的最稀奇古怪的新用途？什么是最现实的？在过去的 10 年里人们是如何使用的？

（1）转换用途：比如保健品在转换为送礼的礼品时，其价值就变了，卖得很火；苹果是水果，但榨成果汁、变成圣诞礼物或者请名人签字拍卖，其价值就会完全不同。

（2）变废为宝：葡萄籽本是废物，后来被人们发现有美容作用，结果价值非常高。

（3）寻找利用：废弃的打箱带编织成菜篮；卫生纸的纸筒扎起来后可以装充电线；各种废弃包装制作为艺术品、装饰品等。

（4）多种用途：如出海游时用避孕套装手机、照相机，可以使其不会进水。

6. E=Eliminate（消除）。通过思考“产品在哪方面可以变小、淘汰、忽略、简化、拆分和减少”实现创新。比如，如果产品小一点，又该如何？如果少一点东西，又会发生什么？哪些特性或者部分可以被忽略或者忽视掉？

（1）变小创新：从巨大的收录机到随身听，再到 MP3。

（2）淘汰创新：电脑的键盘由大变小，再到语音键盘、触摸式屏幕。

（3）忽略创新：滑水需要驾驶员，能否忽略驾驶员而由滑水员自驾滑水船？

（4）简化创新：宇航员衣服太重，能否发明一种保温涂料，将其涂在宇航员身上，既可保温，还可减轻重量。

（5）拆分创新：蓝纳克斯将非常昂贵的精美瓷器分部分销售，新娘结婚时，可让不同的朋友到蓝纳克斯购买瓷器，客人只要讲清新娘的姓名或者代号，就可以买到瓷器的某个部件，每人既不会花费太多，新娘还可以获得一套瓷器；在卖肉的时候，大家将鸡或者鸭按照部位销售，不但方便大家购买，还提高了销售的收益。

（6）减少创新：手机功能太多不适合老年人使用，于是生产商发明了只接打电话，而且铃声较大、字号较大的老年手机。

7. R=Reverse（逆向）或 Rearrange（重组）

Reverse（逆向）。将流程、创意或者失败的部分进行逆向思维，通过思考“这样的结果如何”而获得新的创意。反过来会是什么？我们可否将正反面调换？调换一下关系，结果会如何？

不要问为何做错了，而是问已做了什么？比如杜康之子做酒时由于失败而发明了醋。别人都白天种地，那晚上种地又如何？结果发现晚上种的庄稼周围的杂草减少了。高档衣服干洗的成本高，问如不干洗该怎样？结果发明了去皱去味设备。

Rearrange（重组）。通过思考“部件流程是否可重组”等问题实现创新。如何重新排列可能会更好？我可以交换这些部件吗？可以转换原因和结果吗？ 26 个英文字母可写出喜剧，也可写出悲剧；七巧板可以拼出成千上万的图形；将汽车和飞机重组，发明了会飞的汽车；将刀子、剪子、改锥等重组在一起就有了瑞士军刀；将咖啡和服务重组就产生了星巴克；将互联网和银行重组就有了互联网金融；将租赁和金融组合就有了金融租赁；将供应商和金融组合就有了供应链金融；将线上线下相结合就有了 O2O。

SCAMPER 法，又被称作奔驰法，是由鲍勃·埃伯勒于 1971 年创建的一种思维工具。这种方法在设计冲刺中常被用于激发团队的创意和想法。SCAMPER 由七个英文单词的首字母组成，分别代表了七种不同的思维方式：Substitute（替代）、Combine（结合）、Adapt（改造）、Modify（修改）、Put to other uses（改变用途）、Eliminate（消除）、Reverse/Rearrange（逆向或重组）。

五、需求的等级

需求的等级分为以下几个层次：

1. 基本需求。这是最基础和最迫切的需求，包括食物、水、空气、睡眠、庇护和健康等。当这些基本需求未得到满足时，人们会感到生存的压力。

2. 安全需求。这些需求与人的生存和安全有关，包括个人安全、经济安全、身体安全、住所安全和健康安全等。满足这些需求可以给人带来稳定感和保护感。

3. 社交需求。这是人类对社交互动和归属感的需求，包括友谊、爱情、亲密关系、社区和群体归属等。人们渴望与他人建立联系和获得认同。

4. 尊重需求。这些需求涉及自尊、自信、尊重和成就感等方面，包括对自己的尊重和获得他人的认可与赞赏。满足这些需求可以使人增强对自我形象的认同感。

5. 自我实现需求。这是较高层次的需求，涉及个人发展、成长和潜能愿望的实现。满足这些需求意味着自我价值的实现和个人目标的达成。

拓展理解

需求情况	需求等级
维修频率	高：客户需要经常维修家用设备，维修频率较高
维修时间	紧急：客户需要快速解决家用设备出现的问题，维修时间紧急
维修质量	高：客户对维修质量要求较高，希望维修后的设备能够正常运行
价格	合理：客户希望维修价格合理，不要过高

续表

需求情况	需求等级
服务态度	优秀：客户对服务态度要求较高，希望维修人员能够友好、专业
推荐度	高：客户对维修服务满意度较高，愿意向他人推荐
满意度	高：客户对维修服务满意度较高，认为维修服务质量较好

需求层次	如何解决其需求
高层次需求	提供高品质的产品和服务，包括优质的材料、精湛的工艺、完善的售后服务等，以满足客户对品质和服务的追求
中层次需求	提供多样化的产品和服务，包括不同的产品款式、颜色、尺寸等，以满足客户对多样化和个性化的需求
低层次需求	提供价格合理的产品和服务，包括降低成本、提高效率等，以满足客户对价格的追求

六、脑力激荡法

脑力激荡法（Brainstorming）是一种集体产生创意的方法，旨在通过大量的灵感涌现来解决问题、提出创新想法或产生新的概念。它强调开放性和自由度，鼓励参与者在不受限制的环境中尽可能多地提出各种各样的观点和想法。

脑力激荡法起源于对传统会议讨论方式的批评，认为创意和创新往往受到限制、约束和批判性思维的阻碍。因此，脑力激荡法提倡在一个开放、积极和相互尊重的环境中进行集体创意的生成，以激发参与者的创造力和创新潜力。

脑力激荡法的基本原则包括：

1. 延迟评价。在创意产生阶段，避免对任何想法进行批评或评判。鼓励参与者充分发散思维，尽可能多地提出各种各样的想法。

2. 自由联想。鼓励参与者进行自由地、不受限制地联想，任何想法都可以接受和记录。这有助于打破传统思维模式，引发非常规的创意。

3. 量大胜过质好。追求数量而非质量，许多想法中可能蕴藏着优秀的创意。通过大量的灵感涌现，可以为后续的筛选和整合提供更多选择。

4. 互相激发。参与者之间的相互启发和激发是脑力激荡法的核心。一个人的想法可以触发其他人的联想，形成创意的跳板，推动创意的进一步发展。

脑力激荡法通常分为几个步骤：明确问题或目标、生成大量想法、整合和评估想法以及确定具体的行动计划。这种方法在解决问题、推动创新和团队合作中被广泛应用，为集体创意的产生提供了一种自由而有效的方式。

创业小故事

谷歌的创新驱动：以用户需求为中心的产品革新

谷歌是一家于1998年创立的全球知名科技公司，其主要产品包括Google搜索引擎、Gmail、Google地图、YouTube等。其中一个典型的创新案例是Google搜索引擎，它的主要功能是帮助用户在庞大的网络信息中找到所需要的信息，极大地改善了用户在信息查找上的效率和准确度问题。

近年来，谷歌一直在人工智能领域投入大量资源，为此推出了一系列创新产品和服务。其中，Google Assistant就是一项重要的创新成果。Google Assistant是一种虚拟助手，它通过人工智能技术理解和执行用户的指令，比如发送信息、预约日程、查询天气等。Google Assistant的出现解决了用户在移动设备上操作复杂任务的问题，使得用户的日常生活和工作变得更加便捷。

据2019年的统计数据显示，Google Assistant已经能够支持30多种语言，在全球超过90个国家/地区的10亿多设备上运行。这一数据足以证明Google Assistant的影响力和创新性。

另一个值得一提的创新是Google的无人驾驶汽车项目Waymo。Waymo使用先进的自动驾驶技术，意在解决交通拥堵、环境污染和交通安全等问题。尽管这项技术还处于早期阶段，但其潜力无疑令人期待。谷歌的成功在于其始终坚持创新和探索，不断推出新的产品和服务来满足用户的需求和改善用户的体验。

七、创意拼图

创意拼图是一种思维训练和创造性工具，通过将不同的元素、概念或观点组合在一起，激发创造力和想象力，以创造出新颖、独特的思考方式或解决方案。人们在面对问题时常常会循规蹈矩地思考，依赖既有的知识、经验和思维模式，很难产生突破性的想法。而创意拼图的出现打开了一扇窗户，让我们可以看到更广阔的思维空间。

创意拼图通常由多个碎片化的元素组成，这些元素可以是文字、图像、符号、关键词等。它们以各种形式呈现，可以是纸质的卡片、磁贴，也可以是数码设备上的虚拟元素。这些元素被随机分发给参与者，或者由参与者自己选择并进行排列组合。

在创意拼图的过程中，参与者将不同的元素进行重新排列、组合，尝试将它们联系起来，发现它们之间的关联和可能性。这个过程有时会涉及不同领域、不同概念、不同观点之间的跨界思考，以及将看似不相关的元素进行比较和结合。这样的组合和联想可以激发新的想法、洞察力和创意。

创意拼图的核心思想是通过创造性地组合和连接元素来推动创新。它鼓励打破传统思维的束缚，挑战常规的惯性思维模式，探索不同的思路和方向。在创意拼图的过程中，人们可能会遇到非传统的，甚至是看似荒谬的组合，但这正是激发创意和创新的源泉。

创意拼图有助于培养和发展创造性思维。通过不断尝试不同的组合方式，可以锻炼人们的关联能力、想象力和灵活性。这种思维训练可以使人们更敏锐地发现问题背后的本质，并从不同的角度和层面思考解决方案。创意拼图也可以用于解决问题和促进创新。在解决问题的过程中，人们常常陷入思维僵局，找不到出路。而创意拼图可以提供一个新的视角，通过不同的元素组合和联想，提供新颖和独特的解决方案。此外，创意拼图还可以用于生成创意和激发灵感。在创造性工作中，人们常常需要从各种信息和灵感源中获取创意。通过将不同的元素组合在一起，创意拼图可以激发大量的联想和想法，为创意的产生提供一个丰富的土壤。

然而，创意拼图并非是一个以求快速得到结果的方法。它需要参与者进行深度的思考、实验和尝试，可能需要反复地试错和调整。在创意拼图的过程中，参与者需要保持开放的心态，勇于冒险尝试，并接受可能存在的失败和错误。

八、马斯洛需求模型

马斯洛需求模型，也被称为马斯洛需求层次理论或马斯洛需求金字塔，是由美国著名社会心理学家亚伯拉罕·马斯洛于 20 世纪 40 年代提出的一种心理学理论，用于解释人类的需求层次和动机。该模型认为，人类的需求可以按照不同的层次进行分类和满足，并且每个层次的需求有着特定的优先级和关系。

如图 5–2 所示，马斯洛需求模型基于人的生理需求、安全需求、归属与爱的需求、尊重需求以及自我实现需求五个层次展开。下面将对每个层次的定义和内容进行详细说明。

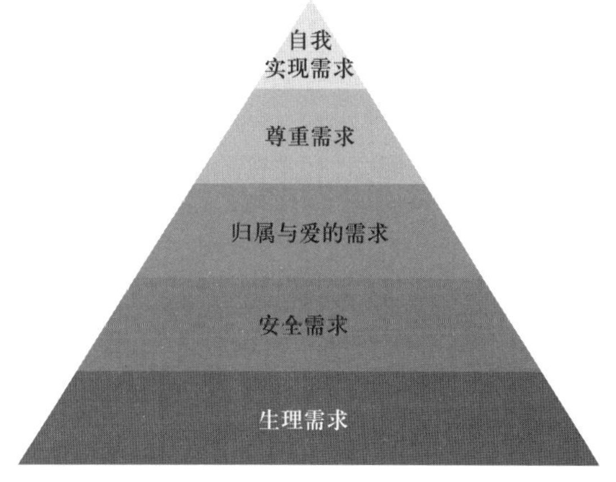

图 5–2　马斯洛需求模型

1. 生理需求。生理需求是人体维持生命所必需的基本需求，包括食物、水、空气、安全的住所、睡眠等。这些需求是人类最基本和最紧迫的需求，当这些需求没有得到满足时，其他更高层次的需求很难得到关注和追求。

2. 安全需求。安全需求是指个体对身体的安全、健康、稳定和自我保护的需求，包括对个人安全的感觉、稳定的工作和收入、适当的住所等。只有在满足了生理需求后，人们才会关注并努力满足安全需求。

3. 归属与爱的需求。归属与爱的需求是指个体与他人建立联系、获得社交支持和建立亲密关系的需求，包括友谊、家庭、情感上的依赖和爱的表达。人类是社会性动物，需要与他人建立紧密的联系和互动来满足这一层次的需求。

4. 尊重需求。尊重需求包括个体对自身能力、尊重、地位和成就的需求。这一层次的需求可以通过实现个人目标、获得他人的认可和尊重、拥有自信心和自尊心来满足。它涉及对自我形象和社会地位的肯定。

5. 自我实现需求。自我实现需求是人们最高级的需求层次，也是最为复杂和抽象的。它指的是个体追求个人潜能的需求，实现自我价值、个人成长和发展的需要。这一层次的需求关注于个体内在的动机和追求更高的目标，超越了外界的评价和期望。

马斯洛需求模型认为，每个层次的需求在满足一定程度后，才会激发个体追求更高层次需求的动机。当低层次的需求得到满足时，个体的重心会逐渐转移到更高层次的需求上，并不断驱使个体寻求自我实现的成长和发展。需要强调的是，这并不意味着低层次的需求完全被满足后才能追求高层次的需求，而是在一定程度上得到满足之后，个体才会开始对更高级别的需求感兴趣。

拓展理解

需求层次	具体措施
生理需求	创意点：开发智能健康监测设备，如智能手环、智能血压计等，帮助人们监测和改善健康状况 发展方向：融合可穿戴技术和人工智能，提供个性化的健康管理方案，包括智能营养餐推荐、定制化锻炼计划等
安全需求	创意点：开发智能家居安防设备，如智能门锁、智能监控摄像头等，提高家庭和个人的安全感 发展方向：整合物联网技术，实现智能家居的互联互通，建立智能安防生态系统，提供全方位的安全保障
归属与爱的需求	创意点：设计社交媒体平台或应用，为人们提供社交互动、分享和连接的场所 发展方向：结合虚拟现实（VR）和增强现实（AR）技术，打造沉浸式和更加真实的虚拟社交体验平台
尊重需求	创意点：研发智能助理机器人，能够为用户提供个性化的服务和支持 发展方向：将人工智能与自然语言处理技术相结合，提供更智能的助理机器人，满足用户对个性化、高效服务的需求
自我实现需求	创意点：开发在线学习平台或应用，提供各类知识和技能的学习资源，帮助个人实现自我价值和成就感 发展方向：利用大数据和机器学习算法，提供个性化的学习路径和学习推荐，让用户能够更高效地学习和成长

九、六顶帽子思考法

六顶帽子思考法是由英国学者爱德华·德·博诺（Edward de Bono）博士开发的一种思维训练模式，或者说是一个全面思考问题的模型。它提供了“平行思维”的工具，避免将时间浪费在互相争执上，强调的是“能够成为什么”，而非“本身是什么”，是寻求一条向前发展的路，而不是争论谁对谁错。运用德·博诺的六顶思考帽，将会使混乱的思考变得更清晰，使团体中无意义的争论变成集思广益的创造，使每个人变得富有创造性。

为了快速获得创意和解决方案，减少头脑风暴时的相互争吵、指责和批评，将需要解决的问题分为六个独立的维度，分别进行讨论，这样就能保证讨论聚焦在一个维度时，不考虑其他维度，大家可以在同一个频道讲话，集中焦点。任何人都有能力使用以下六种基本思维模式：

1. 白色思考帽。白色是中立而客观的。戴上白色思考帽，人们思考的是关注客观的事实和数据。

2. 绿色思考帽。绿色代表茵茵芳草，象征勃勃生机。绿色思考帽寓意创造力和想象力，具有创造性思考、头脑风暴、求异思维等功能。

3. 黄色思考帽。黄色代表价值与肯定。戴上黄色思考帽，人们从正面考虑问题，表达乐观的、满怀希望的、建设性的观点。

4. 黑色思考帽。戴上黑色思考帽，人们可以运用否定、怀疑、质疑的看法，合乎逻辑地进行批判，尽情发表负面的意见，找出逻辑上的错误。

5. 红色思考帽。红色是情感的色彩。戴上红色思考帽，人们可以表现自己的情绪，还可以表达直觉、感受、预感等方面的看法。

6. 蓝色思考帽。蓝色思考帽负责控制和调节思维过程，负责控制各种思考帽的使用顺序，规划和管理整个思考过程，并负责做出结论。

六顶帽子思考法最大的优势就是对于任何的问题，都可以从这六个维度进行讨论，避免了相互之间的争执和辩论，加快了头脑风暴获得方案的速度。其缺点是对于任何一个具体问题，可能解决问题的流程不能用简单的六顶帽子思考法来解决，就需要用到我们后面讲到的解决问题的整体流程工具。

知识模块 3　创业决策设计

创业小故事

水滴筹：科技与公益的创新结合，为医疗救助描绘新的可能性

水滴筹是中国领先的在线医疗众筹平台，于2016年创立。作为一款社会公益项目，水滴筹的主要产品是一个基于互联网的医疗救助众筹平台，旨在解决普通群众在患严重疾病时所要面临的高昂医疗费用问题。具体来说，水滴筹允许用户发布自己或亲友的医疗救助信息，然后通过社交媒体等方式向公众募集资金，帮助用户减轻医疗负担，提供对抗重大疾病的经济支持。此外，水滴筹还采用了一种创新的商业模式，通过保险服务为用户提供更多保障。通过购买水滴筹提供的保险产品，用户可以在面临重大疾病时获得更多的经济保障。据一份2022年的报告显示，水滴筹在中国的用户数已经超过5亿人，已经帮助超过1 200万人次成功筹集了医疗资金，为中国社会的公益事业作出了巨大贡献。同时，水滴筹还开发了水滴保险商城，为数百万人提供了各类保险服务，进一步强化了其在医疗救助领域的影响力。水滴筹的创新在于充分利用互联网技术，连接了需要帮助的人和愿意提供帮助的人，打造了一个全新的医疗救助生态，让更多人能够得到及时的医疗救助。这种模式的成功，表明科技创新和公益事业可以相互促进，为解决社会问题提供了新的可能。

一、寻找产品的最理想状态

产品的最理想状态是完全满足用户需求，创造出优越的用户体验，同时实现商业成功。它应具有独特的创新特性，在市场中区别于竞品，并能提供独一无二的价值。此外，产品的最理想状态还应该具有可持续性和可扩展性，能够不断适应和预测市场变化，通过持续改进和优化，赋予用户持续的价值。产品的最终目标是成为用户生活中不可或缺的一部分，形成强大的用户黏性，实现长期的市场成功。

人均50元跟人均200元的火锅有什么差异？消费者为什么愿意买单？对于食材成本、房租和人工成本，消费者并不在乎，消费者只在乎自己感受到的是什么，也就是感知价值。感知价值是指消费者对产品或服务交易过程和结果的主观认知，是用户感知利益与付出成本的差值。当顾客获得的感知价值大于付出的成本时，用户才会考虑购买产品，以两款同样价格为100元的衣服为例，当其中一

款标上了“原价999元”时，用户便能马上感知到该款产品的价值，从而做出付费行为。

要想知道如何设计产品的感知价值，首先要清楚感知价值都有哪些。感知价值不仅仅是产品的价值，它还包括产品整个购买过程，用户能够感知到的利益和成本。从购买前到购买中再到购买后，如何设计这三个环节，提高用户的感知价值是产品制胜的关键。以麦当劳为例，购买前消费者需要了解自己要吃哪个汉堡，点哪个炸鸡，这需要付出时间和精力，但也会收获对交易过程和用餐的期待感；购买过程中消费者要花钱，还要花时间到达店铺，并与服务员沟通，但他能感受到店铺的氛围和服务员的素质以及下单过程的体验；购买后消费者要花费时间等待取餐或者是被服务员推销会员卡，消费者得到的是汉堡的美味以及拍照发到朋友圈进行分享的心理满足。若想提高产品的感知价值，就要从用户多方面的体验入手，尽可能减少用户的感知成本，提高用户的感知利益，才能促使用户做出付费行为。

二、原型制作

原型制作是指用表展示或测试某个概念或设计的初步模型，通常用于后续的改进或复制。原型制作是一种快速而高效的方式，能够让团队更好地理解交互逻辑和用户界面，进而更简单、更快、更灵活地进行产品迭代设计。原型制作定义了用户可用、可交互并且能够测试的一系列模型。简单地说，原型制作是一种快速模拟用户界面的制作技术，通过这种制作，能快速让产品团队见到产品的真实形态，更快更简单地实施产品的设计测试。因此原型制作工作十分重要。

原型制作是指在设计和开发过程中创建产品的初步版本或模型，可以采用不同的方法和工具，包括手工制作、CAD和3D打印等技术实现模型制作。可以是一个物理模型，如3D打印的原型，也可以是一个虚拟模型，如软件界面的设计。原型制作的目的是验证和演示产品的功能、外观和用户体验，以便在进一步开发和改进之前进行必要的测试和反馈。通过原型制作，设计师和开发人员能够更好地理解产品需求和用户需求，并在早期阶段发现和解决潜在的问题与挑战。

在原型制作过程中，设计师、工程师和用户都扮演着重要的角色。设计师和工程师负责根据产品的需求和要求制作出初步模型，而用户则提供反馈和建议，帮助改进产品的设计和功能。因此，原型制作需要密切的团队合作和用户参与，以确保最终产品符合用户的需求和期望。

创业小故事

大疆创新：领导无人机技术革新

大疆创新（DJI）是全球领先的无人机和创新影像技术公司，创立于2010年，致力于推动航空和创新影像技术的发展。大疆的主要产品包括专业和消费级无人机、手持稳定器、摄像头等设备，被广泛应用于摄影、影视制作、地理测绘、农业、救援等多个领域。具体创新案例是大疆推出的激光雷达测量无人机——大疆 Matrice 300 RTK。该无人机配备了先进的激光雷达传感器和高精度的实时遥感技术，能在各种环境下进行精确的空中测量和地形绘制。该产品的推出，为建筑、能源、环保、交通等领域提供了高效、精准、安全的地理数据收集方法，解决了传统测绘方法费时、费力、风险高的问题。

根据调查数据显示，大疆 Matrice 300 RTK 已经成为全球市场份额最大的商业级无人机，市场份额高达 70%。它不仅在中国得到了广泛应用，也在美国、欧洲、澳大利亚等地受到了热烈欢迎。除了 Matrice 300 RTK，大疆还推出了一系列具有创新性的无人机产品，比如拥有超长飞行时间和高清摄像头的 Phantom 4 Pro，以及可以自动避障、智能追踪的 Mavic Pro 等，这些产品都体现了大疆在无人机技术创新方面的领先地位。

总的来说，大疆的成功在于它的创新能力和技术实力，以及对用户需求的深度理解。通过不断的技术创新，大疆使无人机从军事领域走向了民用领域，为人们的生活和工作带来了诸多便利。

三、A/B 测试

A/B 测试是一种实验方法，用于比较两个或多个版本的产品、设计或内容的效果，以确定哪个版本更能实现预期的目标。在 A/B 测试中，用户随机分成不同组，每组给予不同的版本，然后收集和比较各组的数据，最终确定哪个版本更有效。通过 A/B 测试，可以基于数据和用户反馈做出更明智的决策，优化产品设计和用户体验。A/B 测试本质上是个分离式组间实验，以前进行 A/B 测试的技术成本和资源成本相对较高，但随着一系列专业的可视化实验工具的出现，A/B 测试已越来越成为优化常用的方法。A/B 测试其实是一种“先验”的实验体系，属于预测型结论，与“后验”的归纳性结论差别巨大。A/B 测试旨在通过科学的实验设计、确认样本的代表性、合理的流量分配和小规模流量测试得到有代表性的结论，确保当这一结论被应用到更大的流量时仍然是可靠的。

A/B 测试是产品研发过程中强有力的决策工具，能够帮助大家更有效地进行产品优化迭代。从不同的情境理解测试的结果是非常重要的，可以尝试将数据分解到不同的维度，然后理解不同维度下产品的效果。但是需要注意，A/B 测试的目的在于优化产品决策，而不是为了单纯优化某个指标。优化单个指标通常会导致为了获得一定短期利益的机会主义决策（比如强行逼迫用户去点击他们不想看或不需要的内容）。

最后，验证所使用的测试系统是否如期望的一样工作。如果 A/B 测试反馈的结果有问题或者是过于理想，都应该仔细进行核验。

A/B 测试是一种常用的实验设计方法，它在市场营销、产品开发和用户体验设计等领域都有广泛的应用。A/B 测试的主要意义在于帮助决策者做出基于数据的决策。通过对比不同变量的效果，可以确定哪个版本更受用户喜欢、哪个设计更有效、哪个营销策略更成功等。这样可以避免凭感觉或主观判断做出决策，提高决策的准确性和有效性。此外，A/B 测试还可以帮助发现用户偏好和行为模式，了解用户需求，从而优化产品和服务。通过不断进行 A/B 测试，可以逐步改进产品，提升用户体验，增加用户的满意度和忠诚度。

A/B 测试是一种比较不同变量效果的方法，其中之一是比较不同的（页面布局和设计）对用户的影响。在 A/B 测试中，可以比较不同的（页面布局、设计因素）对用户的吸引力和影响力。产品的（功能和特性）也可以通过 A/B 测试进行比较，比较不同特性对用户的满意度和使用体验的影响。营销策略和广告效果的比较是 A/B 测试的另一个方面，通过比较不同的（营销策略、广告内容）评估对用户的吸引力和转化率的影响。A/B 测试还可以用于比较不同的（定价策略）对用户的购买意愿和满意度的影响。用户界面和交互设计的比较是 A/B 测试的重要组成部分，通过比较不同的（用户界面、交互设计）评估对用户的易用性和满意度的影响。

拓展理解

测试组别	测试功能	结果
A 组	测试饮品店产品的口感	口感较好，消费者反映良好
B 组	测试饮品店产品的包装	包装更加吸引人，消费者反映良好

创业小故事

百度：开创自动驾驶新时代的创新力作

百度是于 2000 年创立的中国领先的互联网科技公司，以其强大的搜索引擎而闻名。然而，百度的产品线远不止于此，它在人工智能、自动驾驶、云计算等领域也开展了许多创新项目。

一个具体的创新案例是百度自动驾驶汽车“阿波罗”。这是一款开放的自动驾驶平台，它通过将深度学习、大数据和云计算等技术应用于汽车行业，为汽车制造商提供了一种全新的解决方案，旨在解决公共交通出行的安全和效率问题。

阿波罗平台包括了硬件、车载平台、云服务、高精度地图等各种自动驾驶所需的核心技术，它的开放性使得汽车制造商能够灵活地根据自身需求定制自动驾驶解决方案。目前，阿波罗已经获得了在多个城市进行路测的许可，实现了 L4 级别的自动驾驶能力，这也是全球首个商业化的开放自动驾驶平台。

四、用户测试

用户测试，顾名思义是指测试人员在将产品交付客户之前，处于用户的角度进行一系列的体验使用，如：界面是否友好（吸引用户眼球，使人眼前一亮）、操作是否流畅、功能是否达到用户使用的要求等。用户测试是一种评估产品、服务或系统的方法，通过观察和分析实际用户测试，了解用户在使用产品时遇到的问题、需求和反馈，以便改进产品的设计和功能。

在用户测试中，研究人员通常会选择一组具有代表性的目标用户，邀请他们参与测试活动。测试可以在实验室环境中进行，也可以在用户自己的日常生活环境中进行。用户可能会被要求完成特定的任务、回答调查问卷、提供反馈意见等，以便评估产品在不同方面的表现和用户的感受。用户测试通常关注以下几个方面：

1. 功能性。测试产品是否能够实现预期的功能，以及用户能否顺利完成任务。

2. 可用性。评估产品的易学性和易用性，测试用户能否迅速熟悉产品并正确地使用产品。

3. 用户体验。了解用户在使用产品时的感受、情感和满意度，包括界面设计、交互流程、反馈机制等方面。

4. 改进需求。识别用户在使用产品时遇到的问题、痛点和需求，为产品的迭代和改进提供指导和建议。

通过用户测试，产品研发团队可以获得来自真实用户的直接反馈和洞察，以便优化产品设计、改进用户体验，并为最终产品的发布做出决策。用户测试是设计过程中的重要一环，有助于确保产品与用户的需求和期望相符，提高产品质量和市场竞争力。

五、品牌形象设计

品牌形象设计（Brand Design）是指基于正确品牌定义下的符号沟通，包括品牌解读及定义、品牌符号化、品牌符号的导入和品牌符号沟通系统的管理及适应调整四个过程，它的任务就是通过美善的符号沟通帮助受众储存和提取品牌印记。

品牌形象设计的原则是根据消费者的感觉以及企业自身的审美和追求而进行。消费者购买商品的心理活动，一般从认识商品的过程开始，而在激烈竞争的市场上，品牌成为人们选择商品的重要依据。由此，品牌形象设计的意义就越来越大。品牌形象设计的目的是在激烈的市场竞争中脱颖而出，并与目标受众建立深厚的情感连接。它可以帮助构建品牌的独特性、识别度和信任度，以促使受众选择该品牌而不是竞争对手。

品牌形象设计主要包括品牌的名称、标识物和标识语的设计，它们是该品牌区别于其他品牌的重要标志。品牌名称通常由文字、符号、图案三个因素组合构成，涵盖了品牌所有的特征，具有良好的宣传、沟通和交流的作用。标识物能够帮助人们产生认知和联想，使消费者产生积极的感受、喜爱和偏好。标识语的作用一是为产品提供联想，二是能强化名称和标识物。企业为使消费者在众多商品中选择自己的产品，就要利用品牌名称和品牌设计的视觉现象引起消费者的注意和兴趣。这样，品牌的真正意义才显现出来，才会日渐走进消费者的心中。

因为人们对品牌的偏好大部分是从视觉中获得的，所以树立良好的品牌视觉形象是十分必要的，这也是确定品牌在消费者心中地位的有效途径。

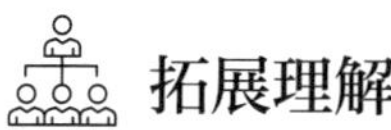

拓展理解

品牌形象设计	具体设计
品牌定位	在婚纱广告设计行业中，高端、优雅是一个常见的品牌定位，这意味着企业希望通过自己的产品或服务来满足高端消费者的需求，让他们感受到优雅、精致的品牌形象
品牌标识	在婚纱广告设计行业中，品牌标识应该具有设计感强烈、简约大气的特点，以便在众多的广告设计中脱颖而出。同时，品牌标识还应该能够体现企业的品牌定位和品牌文化，以便在消费者心中建立起一个深刻的印象
视觉元素	在婚纱广告设计行业中，视觉元素设计应该丰富多样，具有情感共鸣的特点。同时，能够体现企业的品牌定位和品牌文化
声音和音乐	在婚纱广告设计行业中，声音和音乐设计应该轻松愉悦，具有感染力的特点。同时，能够体现企业的品牌定位和品牌文化
品牌故事和传播内容	在婚纱广告设计行业中，品牌故事和传播内容应该精致、独特，具有情感的特点。同时，能够体现企业的品牌定位和品牌文化
用户体验	在婚纱广告设计行业中，用户体验设计应该具有用户友好、易于使用的特点。同时，能够体现企业的品牌定位和品牌文化

创业小故事

海尔智家：物联网技术引领家电行业创新

海尔集团是中国知名的家电制造商之一，于1984年创立。公司以对创新的持续关注和开创性实践，打造出一系列用户满意的产品和服务。

以海尔智家为例，海尔智家是一种智能家居解决方案，它使用物联网技术，将家中的各种家电设备如冰箱、洗衣机、空调等连接起来，使用户可以通过手机应用程序远程操控家里的设备。海尔智家旨在解决家庭生活中的便利性和效率问题，使得用户能在任何时间、任何地点控制和管理家中的家庭设备。

海尔智家的创新点在于提供了一套全屋智能家电解决方案，而不仅仅是单一的智能家电产品。海尔利用其在家电制造领域的丰富经验和深厚技术积累，通过互联网、大数据等新一代信息技术，将传统的家电设备变为智能设备，打造出全新的家庭生活方式。

据统计，截至2022年底，海尔智家已经服务了超过2 000万户家庭，用户对其满意度高达98%。这充分展示了海尔智家创新性的解决方案对于提高家庭生活质量的重要作用。

总的来说，海尔以其深入的用户洞察和强大的创新实力，持续推动家电行业的进步，提供了极具用户价值的产品和服务。

六、用户指南针地图

用户指南针地图是一种信息架构工具，用于呈现产品或服务的全貌、结构和关联，以便用户能够快速了解并导航其中的功能和内容。它类似于地图，通过可视化的方式呈现产品的不同部分以及它们之间的关系。用户指南针地图通常包括以下要素：

1. 主要功能。用户指南针地图清晰地列出了产品或服务的主要功能，使用户能够一目了然地了解到产品提供的核心功能。

2. 信息结构。用户指南针地图描述了产品中各个功能之间的关系和层次结构。通过明确的组织和分类，用户可以轻松地找到所需功能并了解它们之间的关系。

3. 导航路径。用户指南针地图展示了用户在产品中的导航路径，使用户能够迅速找到所需功能并在不同界面之间进行转换。

4. 内容概览。用户指南针地图提供了产品或服务所包含的不同内容的概览，有助于用户了解产品中可获得的信息或资源。

5. 用户需求。用户指南针地图考虑了用户的需求，以便在设计过程中优化用户体验，更好地满足用户期望。

6. 交互设计。用户指南针地图展示了产品的交互设计，包括界面元素、操作流程和用户输入，帮助用户理解如何与产品进行交互并实现目的。

用户指南针地图在产品开发的早期阶段就被用于规划和设计。它为设计团队、开发团队和利益相关者提供了一个共同的参考点，以确保产品的一致性和用户的友好性。用户指南针地图可以作为产品文档的一部分，也可以作为演示工具用于向利益相关者展示产品的功能和架构。它帮助用户快速理解产品的全貌和结构，提高产品的可用性和用户满意度。

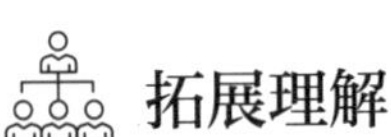

拓展理解

注意事项	具体内容
了解用户群体	研究和了解婚纱广告设计行业的目标用户群体是非常重要的。探索他们的需求、喜好、行为特征和目标，了解他们的背景、年龄、性别、地理位置等信息。这将帮助你更好地理解用户的需求和行为动机
关注关键转折点	关键转折点扮演着重要角色。它们是用户体验中的关键时刻，可能对用户情感和行为产生深远影响。确定婚纱广告设计行业中的关键转折点，例如用户选择婚纱设计公司的决策过程，决定使用哪种广告形式等。深入理解这些转折点，可以帮助你在关键时刻提供更好的用户体验

续表

注意事项	具体内容
合理设置用户情感曲线	了解用户情感曲线可以帮助你更好地满足用户需求，提供更好的用户体验。在婚纱广告设计行业中，用户情感曲线可能包括用户的期望、兴奋、焦虑、满意度等。确保你的服务和产品能够与用户情感曲线相匹配，提供令用户满意的体验
涵盖不同用户角色	婚纱广告设计行业可能涉及不同的用户角色，例如新娘、新郎、婚礼策划师等。确保你的用户指南针地图能够涵盖不同用户角色的需求和行为。这样可以帮助你更全面地了解用户群体，并提供个性化的解决方案
不断迭代和验证	用户指南针地图是一个持续发展的工具，它需要不断迭代和验证。通过定期收集和分析用户反馈，更新用户指南针地图，使其能够与用户需求保持一致。这样可以确保你的创业决策符合用户的实际需求
与团队成员共享和讨论	用户指南针地图是一个跨部门合作的工具，与团队成员共享和讨论非常重要。与团队成员分享用户指南针地图的结果和发现，讨论并获得他们的反馈和建议。这样可以促进团队合作，确保大家在创业决策中拥有共同的理解和目标

七、最小可行性产品（MVP）

最小可行性产品（Minimum Viable Product，以下简称MVP）是指在最短时间内开发出具备基本功能的产品原型，以验证产品的假设和市场需求。MVP的目标是通过最小的投入获取最大的反馈，以便在产品开发过程中进行迭代和优化。

1. MVP的定义及特点

MVP的定义包括以下几个关键要素：

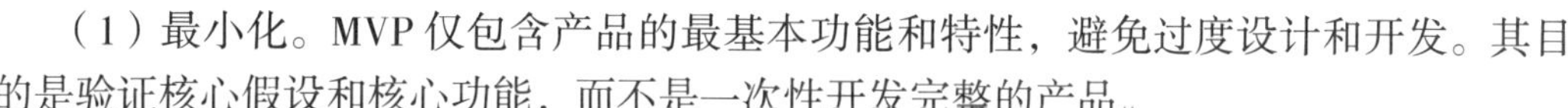

（1）最小化。MVP仅包含产品的最基本功能和特性，避免过度设计和开发。其目的是验证核心假设和核心功能，而不是一次性开发完整的产品。

（2）可行性。MVP必须具备基本的可用性和功能性，能够满足用户的基本需求。它应该能够被用户使用和体验，以获取真实的用户反馈和数据。

（3）产品原型。MVP是一个原型或初版产品，用于展示产品的核心功能和价值。它可以是一个简单的界面原型、一个简化版的软件应用，或者甚至是一个手工制作的模型。

（4）验证假设和需求。MVP的目标是验证产品的假设和市场需求。通过让用户实际使用产品并获取反馈，可以验证产品的可行性和吸引力，以便在后续的开发中进行调整和改进。

MVP旨在以最小的成本和时间验证产品的可行性和市场需求，通过不断迭代和优化，最终构建出符合用户需求和市场竞争的成熟产品。它具有两个特点：具有产品的核心特质和不拘泥于形式。从最小可行性的定义上我们可以看到，它的优点是相对于开发成熟产品，它的实验成本低，并且可以快速获得市场反馈，验证需求真伪；除此之外，它快速迭代的特点可以应对市场发展的需要。

2. MVP 的内容

（1）核心功能。MVP 的关键是确定产品的核心功能，即解决产品最重要的问题或提供最基本的价值。这些功能应该是用户最需要的，并且能够满足他们的需求。在设计 MVP 时，应该将注意力集中在这些核心功能上，而不是追求完美的功能集。

（2）简化界面。为了快速推出 MVP，界面设计应该保持简单而直观，避免过多的复杂功能和界面元素，使用户能够快速上手并使用产品。简化界面设计不仅可以加快开发速度，还能减少用户的学习曲线和使用难度。

（3）数据支持。在 MVP 中，数据支持是非常重要的。通过收集和分析用户数据，可以了解用户的行为和偏好，从而对产品进行优化和改进。在 MVP 中，应该考虑如何收集关键的用户数据，并建立相应的数据分析系统。

（4）基本用户体验。MVP 应该提供基本的用户体验，使用户能够顺利完成核心功能的使用。用户界面应该易于导航和操作，用户反馈应该能够及时响应，以提供良好的用户体验。

（5）适配不同平台。如果产品需要在多个平台上运行，MVP 应该能够适配不同的平台和设备。这意味着 MVP 需要在多个平台上进行测试和优化，以确保产品在各个平台上的兼容性和稳定性。

（6）用户反馈机制。MVP 应该提供用户反馈的机制，以便用户能够提供意见、建议和问题。这些反馈将有助于团队了解用户的需求和痛点，并及时进行改进。

八、用户旅程地图

用户旅程地图（User Journey Map）是一种图形工具，用于描述用户在与产品或服务互动的全过程中所经历的各个阶段、活动和情感状态，如图 5–3 所示。它的出现与用户体验设计的发展和演变密切相关。

为了充分理解用户的内心感受，完全融入用户的生活，体验用户的行动、体验和情感；探索记录最终用户与设计主题相关的旅程，也就是工作、生活、行动、计划等；体会他们的痛点，发现要设计的主题（产品）的真正意义；揭示未知的用户需求，超越用户的期望；产生新的想法，获得创新的设计结果，解决客户的真正痛点。

用户旅程地图通常包括以下几个主要元素：

1. 阶段。用户旅程被划分为若干个阶段，每个阶段代表用户在体验过程中完成特定任务或实现特定目标的阶段。例如，一个电子商务网站的用户旅程可以包括“浏览产品”“选择商品”“下订单”“支付确认”和“交付收货”等阶段。

2. 用户行为。用户旅程地图描述了用户在每个阶段中所采取的具体行为，可以是用户的点击、浏览、搜索、填写表单等行为。

3. 触点。触点是用户与产品或服务进行互动的具体渠道或介质，包括网站、应用程序、社交媒体、客服电话等。用户旅程地图会标注出用户在每个阶段中所使用的不同触点。

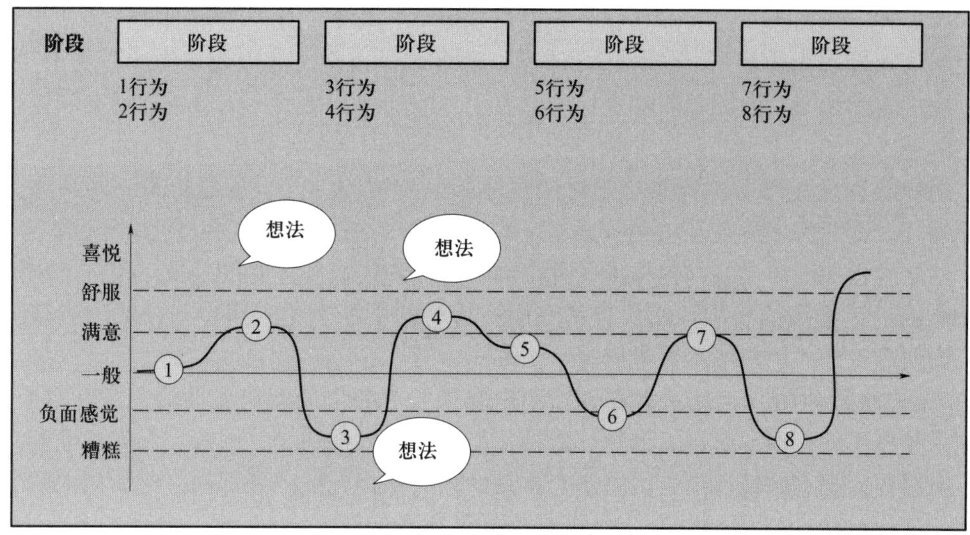

图 5-3 用户旅程地图

4. 用户情感。用户旅程地图也可以记录用户在每个阶段中的情感状态或感受，可以是用户的满意度、焦虑感、挫败感等。了解用户的情感状态有助于发现改进和优化的机会。

用户旅程地图不仅仅是一个静态的图表，还应该是一个动态的工具，随着产品和市场的变化而更新和优化。通过创建用户旅程地图，产品研发团队可以更好地理解用户的需求、期望和痛点，识别用户在体验过程中的关键瓶颈和问题，并提供相应的解决方案和改进措施。

历史背景：

在过去，产品和服务的设计往往由企业从内部角度出发，主要关注功能实现和技术层面，而忽视了用户的真实需求和体验。然而，随着互联网的普及和用户对优质体验的追求，用户体验成了产品成功与否的重要因素。设计师开始关注用户在全过程中的需求、期望和情感反应，从而提出了用户旅程地图这一概念。

早期的用户旅程地图可追溯到 2005 年，当时著名设计师 Peter Morville 在他的著作《信息架构：组织大量信息的艺术》中首次提到了“用户体验的生命周期”。他将用户旅程划分为了“吸引（Attract）、进入（Enter）、使用（Use）、离开（Exit）和回归（Return）”等阶段，并强调用户体验需要考虑整个周期而非单一阶段。

随着移动应用和社交媒体的兴起，用户行为和互动方式也发生了变化，用户旅程地图逐渐扩展到多个平台、设备和环境中的互动。人们开始意识到用户的体验并非仅仅局限于网站页面，而是包括各种触点和渠道，如应用程序、社交媒体、短信通知等。同时，数据驱动的设计方法的普及也对用户旅程地图的发展提供了支持。通过用户行为分析和数据收集，设计师可以获得更准确的洞察，并据此制作用户旅程地图。这种基于数据的用户旅程地图更加客观和准确，有助于揭示用户行为和情感变化的趋势，为改进产品提供依据。

用户旅程地图已经成为产品和服务设计过程中的重要工具。它帮助设计师和产品研发团队深入理解用户需求、优化用户体验、发现改进机会，并以用户为中心做出决策。通过用户旅程地图，设计师能够更好地把握用户的期望和挑战，创造更有意义和愉悦的用户体验。

用户旅程地图的历史背景始于对用户体验的重视和关注。从最初关注网站体验的阶段划分，到考虑多渠道互动和数据支持的综合用户旅程地图，它一直在不断演变和完善。用户旅程地图为设计师提供了一种全面理解用户需求和体验的工具，促进了以用户为中心的设计思维的发展。随着技术和用户行为的不断变化，用户旅程地图将继续发展，为创造更好的用户体验提供支持。

“用户旅程地图”工具对大部分以用户为中心寻找创新解决方案的用户特别有用，特别是零售用户，比如超市、商场、银行、航空旅行、加油站、医院、保险、证券、燃气、电力等。在有些情况下，最终用户不是个人，而是企业或者部门，比如讨论的主题是“如何设计企业流程可以降低企业的运营成本”，这时用户应该是企业的各个部门，可以选一个拟人化的角色，他可能需要经历企业各个部门的流程，所以这时可以将角色的特征改为“部门”或者“企业”的职责，行动就变成了企业跨部门的流程。

拓展理解

具体步骤	描述
定义目标用户	1. 确定科技产品的目标市场和主要用户群体，如消费者、企业或教育机构等 2. 定义目标用户的特征和需求，如年龄、性别、职业、兴趣爱好等
识别关键阶段	1. 确定用户旅程中的关键阶段，如意识阶段、考察阶段、购买决策阶段、产品使用阶段等 2. 确定每个阶段的关键行为和关注点，用户在每个阶段可能会遇到的问题和痛点
收集数据和洞察	1. 收集定量和定性数据，如用户调研、市场调查、用户反馈、竞争对手分析等 2. 分析数据，洞察用户的需求、偏好、行为模式和痛点，理解用户在不同阶段的体验和期望
创造用户角色	1. 根据目标用户的特征和需求，创建不同的用户角色或人物形象，代表不同类型的用户 2. 为每个用户角色设定明确的目标、期望和痛点，代表他们在用户旅程中的特定需求和挑战
绘制用户旅程地图	1. 基于用户角色和关键阶段，绘制用户旅程地图，将每个阶段和用户行为以时间轴或流程图的形式展示出来 2. 在用户旅程地图上标注关键的用户触点、情感和行为，包括用户在每个阶段的情感体验、行为转化和决策因素

续表

具体步骤	描述
分析用户体验	1. 分析用户旅程地图中的不同阶段和触点，评估用户体验的质量和效果 2. 识别用户满意度较高或较低的点，找出用户体验的痛点、瓶颈和改进的机会
提出改进措施	1. 基于分析结果，针对用户旅程地图中的每个阶段和触点，提出改进和增强用户体验的具体措施 2. 确定优先级和行动计划，制定解决方案和改进策略，以解决用户在不同阶段的问题和痛点
反复迭代和更新	1. 将改进措施纳入产品策划和设计中，进行产品迭代和更新 2. 持续收集用户反馈和数据，对用户旅程地图和用户体验进行迭代和优化，以不断提升用户满意度和忠诚度

注意事项	描述
真实性和可靠性	确保收集的数据和洞察的信息具有可信度和真实性，使用科学的方法和合适的调研工具获取数据
多样性的用户群体	考虑不同背景、兴趣、需求和特征的用户群体，确保用户旅程地图涵盖的多样性，能够代表各类用户的体验和关注点
清晰的阶段划分	明确划分和定义用户旅程中的关键阶段，确保每个阶段的目标和行为是可被准确理解和描述的，使旅程地图易于理解和应用
强调用户的情感体验	除了关注用户在各个阶段的行为和决策，还要重视用户的情感体验，包括快乐、满意、焦虑、愤怒等，体现用户对产品的情感反应
用户需求的准确体现	要确保用户旅程地图能够准确地反映用户在不同阶段的需求和期望，关注用户的痛点、愿望和改进的机会，以便针对性地提供解决方案
客观数据和主观洞察的结合	结合客观数据和主观洞察，将定量和定性研究相结合，综合分析用户旅程的各个方面，以提供准确的见解和优化建议
持续的迭代和更新	用户旅程地图并非一次性完成，需要持续地迭代和更新，以应对市场变化和用户需求的变化，不断改进和优化用户体验，保持竞争力

知识模块 4　商业落地实施

创业小故事

网易公益：互联网公益的创新实践与广泛影响

网易公益是由中国知名互联网公司网易于2016年发起的一个互联网公益平台。网易公益的核心产品是一个公益众筹平台，用户可以在该平台上发起或参与各种公益项目，为有需要的人提供帮助。平台上的项目涵盖了教育、环保、扶贫、健康等多个领域，用户可以根据自己的兴趣和关注点选择参与。此外，网易公益还提供了一系列公益课程和公益活动，让用户可以通过学习和实践更深入地参与到公益事业中。网易公益的创新在于它有效地利用了互联网的技术和平台优势，使公益事业的参与门槛大大降低，让更多的人可以便捷地参与到公益活动中，解决了传统公益活动参与难、影响力有限等问题，让公益事业的影响力得到了显著的提升。一个具体的创新案例是网易公益的“一元捐”项目。用户只需要捐出一元钱，就可以参与到该项目中，资金将用于支持贫困地区的教育、健康等项目。根据网易公益的数据，截至2022年，“一元捐”项目已经筹集到了超过1亿元人民币的捐款，帮助了数十万的贫困人口。总的来说，网易公益通过创新的方式让公益事业的参与更加便捷，影响力更加广泛，让更多的人能够感受到公益事业的力量和温暖。

一、企业的人员组成

1. 股东会。有限责任公司股东会由全体股东组成，股东会是公司的权力机构，依照《中华人民共和国公司法》行使职权。

2. 董事会。有限责任公司设董事会，其成员为三人至十三人。股东人数较少或规模较小的有限责任公司，可以设一名执行董事，不设董事会。

董事会是股东会或企业职工股东大会这一权力机关的业务执行机关，负责公司或企业和业务经营活动的指挥与管理，对公司股东会或企业股东大会负责并报告工作。股东会或职工股东大会所作的决定公司或企业重大事项的决定，董事会必须执行。

3. 经理（总经理）。有限责任公司设经理，由董事会聘任或者解聘。经理对董事会负责。

4. 法定代表人。在法律层面上，法定代表人行为等同于公司行为，是公司意志的具体体现人，一般由董事长 / 执行董事长或经理担任，在法律层面对公司的所有行为、结果负责。

自然人可以担任多家公司的法定代表人（但是自然人独资的有限公司一人只能有一家）。

5. 监事会。经营规模较大的有限责任公司设立监事会，其成员不得少于三人。监事会由股东代表和适当比例的公司职工代表组成，具体比例由公司章程规定。监事会中的职工代表由公司职工民主选举产生。股东人数较少和规模较小的有限责任公司，可以设一至二名监事，不设监事会。

董事、高级管理人员不得兼任监事。

二、社交媒体营销

以社会化网络、在线社区、博客或者其他互联网协作平台作为媒体进行营销，是维护和开拓公共关系与客户服务的一种方式，又称为社会媒体营销、社交媒体营销、社交媒体整合营销、大众弱关系营销。

社交媒体营销的本质是通过在线互动来建立与客户的关系。它不仅仅是将传统广告内容推送到社交平台，而是与消费者进行真正的对话和互动，以建立长久、深入的客户关系。

社交媒体为企业提供了一个巨大的机会，可以直接与客户进行互动，收集反馈，并根据客户的需求进行调整。与传统的一对多的营销策略不同，社交媒体营销更侧重于建立真实的、双向的对话。

以蜜雪冰城饮料品牌为例，它成功地利用社交媒体平台进行营销。品牌不仅在抖音、小红书和微信公众号上发布有趣的内容吸引粉丝，还经常进行线上互动活动，如问答、投票和竞赛，鼓励用户参与和分享。当客户有问题或反馈时，品牌也会快速响应并提供解决方案。这不仅增强了与客户的关系，还极大地提高了品牌形象和忠诚度。

社交媒体营销已成为现代企业不可或缺的一部分。通过与客户建立真实、深入的关系，企业才能在竞争激烈的市场中脱颖而出。

拓展理解

任务	描述
研究目标受众	了解目标受众的兴趣、需求和行为习惯，以便更好地制定营销策略。例如，一家餐厅可以通过调查问卷或市场调查，了解目标受众的年龄、性别、职业、收入水平、饮食偏好等信息
选择适合的平台	根据目标受众的活跃程度和使用习惯，选择最适合的社交媒体平台。例如，一家以年轻人为主要受众的餐厅可以选择使用小红书和抖音，而一家面向中老年人的餐厅可以选择使用微信和快手
制定内容策略	根据目标受众的需求和兴趣，制定有针对性的内容策略，以吸引和留住受众。例如，一家餐厅可以发布各种美食图片和视频，展示菜品的口感和味道；也可以发布一些饮食健康知识、推荐健康饮食，吸引注重健康的受众

续表

任务	描述
发布与推广	定期发布优质内容，并通过各种渠道进行推广，以提高受众的关注度和参与度。例如，一家餐厅可以在发布新菜品时，同时在店内海报、店外 LED 屏幕、朋友圈等渠道进行宣传推广
互动与回应	积极回应受众的留言和评论，建立良好的互动关系，增强受众的忠诚度。例如，一家餐厅可以在收到好评后，回复感谢并邀请顾客再次光临；在收到差评时，及时回复并解决问题，以提高顾客的满意度
数据分析与优化	定期分析社交媒体数据，了解营销效果，并根据数据反馈进行优化，以提高营销效果。例如，一家餐厅可以通过分析发布内容的点击率、转发率、评论量等数据，了解哪些内容受欢迎，哪些内容需要改进；并根据数据反馈，调整内容策略和推广方式，以提高营销效果

三、上、中、下游产业链

产业链描述的是一个产品从起始到结束的完整流程，涵盖从原材料采集、加工、销售，到最终达到消费者手中的整个环节。

1. 整个环节可以进一步细分为上游、中游和下游三个主要部分。

（1）上游。上游部分主要涉及原材料的供应，也就是提供原材料的企业。这些企业通常是农业、采矿或者林业企业，他们为中游企业提供原材料，是整个产业链的起点。

（2）中游。中游部分主要涉及将上游提供的原材料加工成半成品或成品的活动。中游企业将原材料加工成为半成品或者成品，并将其提供给下游企业或者销售给消费者。这些企业包括了制造业、加工业等。

（3）下游。下游部分是与最终用户或消费者直接相关的部分，是整个产业链的终点。下游企业是最终产品的购买者或者使用者，如家庭用户、公司、政府等。

产业的三个环节相互关联，上游企业提供原材料，中游企业进行加工制造，然后将成品提供给下游企业或直接售卖给消费者。这样，整个产业链才能够完成，形成完整的生产和销售流程。

2. 上、中、下游产业链的重要性。

（1）价值创造和协同效应。上、中、下游产业之间相互依赖、协同作用，形成了完整的价值链或供应链。每个环节的优化和协调，可以实现资源的高效利用，提高产业整体的竞争力，降低成本。

（2）产业结构和分工。上、中、下游产业的合理分工和协调发展，可以促进产业结构的优化和升级。不同产业环节的专业化发展，提高了整个产业链的效率和产品质量。

（3）创新与技术进步。上、中、下游产业之间的合作和交流，有助于促进技术创新和知识转移。上游产业提供技术支持和原材料，中游产业进行加工和制造，下游产业进行市场推广和服务，共同推动整个产业链的技术进步和创新。

（4）就业和经济增长。上、中、下游产业链衔接紧密，提供了大量的就业机会和经济增长点。优化上、中、下游产业之间的协作关系，有助于提高就业率和经济发展水平。

（5）产业竞争和国际地位。上、中、下游产业链的完善和发展水平，直接关系到一个国家或地区在全球产业竞争中的地位。通过不断提升上、中、下游产业链的整体竞争力，可以增强国家的产业实力和国际竞争力。

拓展理解

产业链	描述
上游	原材料、生产设备等物资的供应商，以及为饮品店提供技术支持和服务的相关企业。例如，一家饮品店可以从原材料供应商处购买水果、奶制品等原材料，从生产设备供应商处购买制作设备，从技术支持服务商处购买软件和培训服务
中游	饮品店、加盟商、经销商等，他们负责将原材料加工成饮品，并将成品销售给消费者。例如，一家饮品店可以通过自己的员工将原材料加工成饮品，也可以通过加盟商或经销商将原材料加工成饮品，并将成品销售给消费者
下游	消费者、市场需求、竞争对手等，他们决定了饮品店的销售情况和发展方向。例如，一家饮品店可以通过了解消费者的口味和需求，调整饮品的口味和种类；可以通过了解市场的趋势和竞争对手的情况，调整经营策略和产品定价

创业小故事

华为云：以创新赋能全球数字化转型

华为是全球领先的信息和通信技术（ICT）解决方案提供商，于1987年创立。华为的产品和服务包括智能手机、平板电脑、个人计算机、物联网、云服务和数据中心等，覆盖了个人消费者和企业用户的多种需求。其主要的目标是通过高科技产品和解决方案，提高全球各地人们的生活质量和企业的运营效率。

以华为云为例，这是华为针对企业市场的一项重要创新。华为云利用了最新的云计算技术，提供了多样化的云服务，如计算、存储、数据库、大数据、人工智能等。这项服务能够帮助企业解决传统IT基础设施无法满足快速发展需求的问题，比如资源扩展困难、运维成本高、数据处理能力不足等。

华为云的应用已经得到了全球众多企业的认可，其中一项显著的案例是2022年，华为云帮助了一个大型电商平台应对“双11”购物节的海量访问压力。通过华为云的弹性扩展功能，该电商平台在“双11”期间的访问量增加了300%，但仍能保持流畅地运行，成功应对了用户访问高峰。据数据显示，截至2022年，华为云在全球公共云市场的市场份额已经达到了8%，在亚太地区的市场份额则高达15%，成为全球前五的公共云服务提供商。

华为的创新力量在于其强大的研发能力和对市场需求的深刻理解，这使得它能够不断推出符合用户需求的高质量产品和服务，提升全球数字化进程。

四、创业团队及构成

创业团队是指在创业初期（包括企业成立前和成立早期），由一群才能互补、责任共担、愿为共同的创业目标而奋斗的人所组成的特殊群体。

一般而言，创业团队由四大要素组成：

1. 目标。目标是将人们的努力凝聚起来的重要因素，从本质上来说创业团队的根本目标都在于创造新价值。

2. 人员。任何计划的实施最终都要落实到人的身上。人作为知识的载体，所拥有的知识对创业团队的贡献程度将决定企业在市场中的命运。

3. 团队成员的角色分配。即明确每位团队成员在新创企业中担任的职务和承担的责任。

4. 创业计划。即制定成员在不同阶段分别要做哪些工作以及怎样做的指导计划。

五、预算制订

预算制订是指企业或组织在一定时期内，根据预先确定的经济目标和策略，编制可量化的财务计划和资源配置方案的过程。它是企业战略规划的重要组成部分，通过合理的预算制订，可以帮助企业实现长期目标，控制成本，提高效率，优化资源利用，并对企业的经营活动进行精确的控制和管理。

预算制订的内容包括以下几个方面：

1. 财务预算。财务预算是指对企业在未来一段时间内的财务状况和运作情况进行预测和计划，主要包括资金收入和支出预测、资产负债表、利润表和现金流量表的编制等，通过这些指标的预测和分析，可以为企业的经营决策提供重要依据。

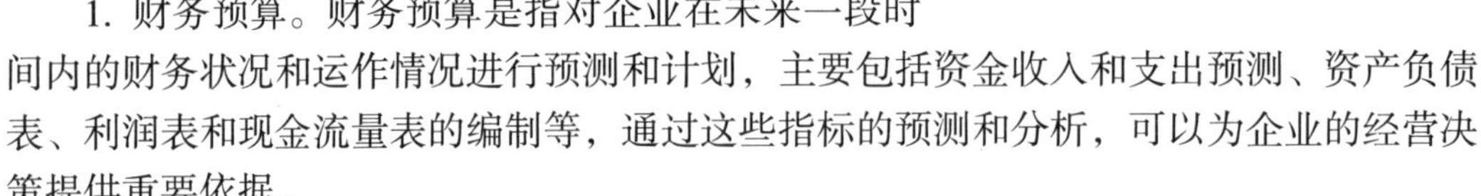

2. 销售预算。销售预算是指制订企业销售目标和销售策略计划，根据市场需求、竞争环境和企业自身条件，制订销售额、销售数量、客户开发和维护等方面的目标与策略，以指导企业销售团队的工作开展和业绩达成。

3. 生产预算。生产预算是指根据销售预算、生产能力和原材料供应等因素，制订企业的生产计划和生产目标，主要包括生产数量、投入产出比率、生产时间安排、物料需求计划等。通过合理的生产预算，可以帮助企业合理利用生产资源，提高生产效率和产品质量。

4. 成本预算。成本预算是指根据销售预算和生产预算，制订各个成本项目的预期金额和费用分配方案，包括直接材料成本、直接人工成本、制造费用、间接费用等。通过成本预算的制订和控制，可以辅助企业实现控制成本和降低生产成本的目标。

5. 投资预算。投资预算是指企业在一定期限内对资本投资计划进行预测和规划，包括固定资产投资、研发投资、市场推广投资等。通过投资预算的制订，可以帮助企业合理配置资本，把握投资机会，提高企业的投资回报率。

6. 管理预算。管理预算是指对企业经营活动各个环节考核和控制的预算，包括各个部门的预算编制和管理、绩效考核指标的设定和达成等，通过管理预算的制订和实施，可以帮助企业实现目标管理、激励措施，提高绩效和竞争力。

六、价值主张画布

价值主张画布能从客户的战略、目标、任务出发，探索客户的真正需求，充分了解客户的痛点和渴望，从而设计创新的解决方案，既能满足客户的需求，还能超越客户的期望，解决客户的痛点。

价值主张画布是整个商业模式的核心，它描述了产品提供的价值和客户需求之间如何建立联系，以及如何找到合适的客户群体以提供产品或者服务。价值主张画布是由亚历山大·奥斯特瓦德（Alexander Osterwalder）在《价值主张设计》一书中提出的一款工具，分为客户思维画布和产品价值画布两个部分，是用于了解客户真正需求的工具，同时为客户设计相对应的解决方案。它的终极目标是让创业者或企业提供的产品与市场相匹配，符合市场需求。

价值主张画布的设计也可用于创新和改进价值主张，管理和更新研究价值主张所需要的工具。将价值主张和商业模式用于在组织内创建一种创造价值的共同语言。好的价值主张设计，重点强调客户的工作、痛点和收益，但不需要解决用户所有的痛点和收益。

价值主张画布由两部分组成：客户概况图和价值图，如图 5–4 所示。

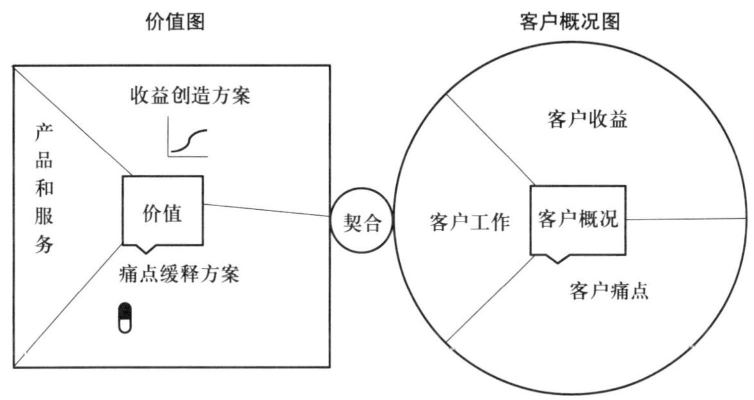

图 5–4　价值主张画布

1. 客户概况图。

（1）客户工作：理解客户的工作或生活需求。可能涉及功能性的工作（如健康饮食）、社会工作（如提升社会地位）、个人或情感工作（如寻求安全感）。

（2）痛点：了解妨碍客户完成工作的问题，可能包括不良结果、障碍和风险。

（3）收益：确定客户希望获得的结果或效益，可能包括必需的收益、期望的收益、渴望的收益和意外的收益。

2. 价值图。

（1）产品和服务：列出你提供的所有产品和服务，这些产品和服务需要与客户的工作、痛点和收益相关联，才能创造价值。

（2）痛点缓解方案：说明你的产品和服务如何减轻客户的痛点，不必针对所有痛点，关注最关键的几点即可。

（3）收益创造方案：描述你的产品和服务如何创造客户收益，只需关注与客户最相关的、能让你的产品或服务与众不同的收益。

七、创业团队的组建

当你需要判断商业理念是否有潜力时，首先要做的是找到合适的团队。而当你成立自己的管理团队时，你需要考虑 5 个方面的关键因素：适当的技能以及此前的创业经验、合适的个性、共同的目标和远大的抱负。

1. 适当的技能以及此前的创业经验。前两点因素可以合并分析，也通常紧密结合在一起。例如，在招聘首席营销官时，你可能认为需要找到一名具备强大营销技能的人才。然而，针对不同的营销载体，如数字媒体、印刷媒体、电视媒体和直邮，具体的招聘策略有所不同，不同的行业所需要的专业性也不尽相同。因此在招聘之前，你需要确保应聘者深入了解你所处的行业，并在你的预算范围内有过成功扩大业务的经验。

例如，不要让曾掌管 10 亿美元预算的首席营销官负责你创业公司的 100 万元预算。他很可能只知道如何利用庞大的团队和庞大的预算去打造品牌，而并不清楚如何基于有限的预算，通过多种创新的方式（如社交媒体、移动技术、搜索引擎优化）发展业务，或是自卷起袖子来大干一场。因此，以往供职创业公司的经验将成为加分项。

2. 合适的个性。正如所有人了解的，创业公司需要员工 7 天 24 小时的努力。因此，你会与同事共度很长时间。在无数个加班的夜晚中，团队成员之间个性的融合非常关键。

3. 共同的目标。关于正在进行的工作，团队每个成员都应有着同样的目标。例如，当我们希望制造一辆汽车时，团队成员要对其中的细节非常明确，包括开发的车型，面向的市场，开发成本以及市场策略等。

4. 远大的抱负。最重要的一点在于，团队中的所有人都必须对产品有着深深的热情并视其为自己的理想，从而全力投入，才能迅速赢得市场。这是一项朝九晚五的工作，所以支撑你拼命工作的将是你对工作的热情。再以首席营销官为例，某些人的工作非常轻松，他们有着秘书和庞大的预算，管理着巨大的团队。但当这样的人加入创业公司，在面临着繁重的工作量和超长的工作时间时，将会很难适应。

拓展理解

具体措施	描述
有一个可以实现的、团队共鸣的发展目标	确定明确、可行的发展目标，并与团队成员共享和讨论，以确保他们对目标的理解和认同。目标应具体、可衡量，并与团队成员的个人目标相匹配
留住人才	提供有竞争力的薪酬和福利体系，吸引优秀人才加入团队，并为他们提供良好的职业发展机会。创建积极、支持性的工作环境，鼓励员工成长和创新，并提供适当的培训和发展计划

续表

具体措施	描述
增强团队的凝聚力	建立积极的团队文化，注重团队合作、信任和相互支持的价值观。定期组织团队活动和团队建设活动，促进成员之间的沟通与合作，增强成员彼此的了解和团队凝聚力
提高团队的执行力	设定明确的工作目标和时间表，确保团队成员知晓任务的优先级和截止日期。提供必要的资源和支持，帮助团队成员顺利完成任务。设立有效的沟通渠道和流程，确保信息的及时传递和团队协同的顺畅进行
激发团队的创造力	鼓励团队成员提出新的想法和解决方案，并提供适当的奖励和认可。提供一个开放、包容的环境，鼓励不同背景和观点的团队成员进行交流和合作。激励尝试新方法和试验性项目，为团队成员提供学习和成长的机会

八、创业团队的股权设计

股权，简单来说就是股东在公司中拥有的所有权份额，直接反映了股东对公司的控制力、利润分享比例以及在公司清算时享受的优先级。

1. 初创企业股权设计原则。在设计股权时，有三个基本原则需要遵循：公平性，激励性和保值性。公平性指的是股权应根据团队成员的贡献进行分配，激励性意味着股权设计应激励团队成员持续作出贡献，保值性则强调股权设计应考虑未来可能发生的变化，以保护创业团队的利益。

2. 常见的股权设计。股权设计主要有四种类型：最大占股 67%、51%、34% 和 10%。

（1）最大占股 67%。在这种设计下，创始人或创始团队拥有最大的控制权和决策权。这种设计通常适用于那些拥有强大领导能力和资深行业经验的创始人，他们对公司的发展有明确的设想和决策。

（2）最大占股 51%。这种设计意味着创始人或创始团队仍然保有控制权，但在某些重大决策上可能需要股东的支持。这种设计适用于需要引入外部投资，同时创始团队希望维持控制权的情况。

（3）最大占股 34%。在这种设计下，创始人或创始团队可能没有绝对的控制权，但仍然有一定的影响力。这种设计通常适用于需要大量外部资本的公司，同时创始团队愿意与外部投资者分享控制权。

（4）最大占股 10%。在这种设计下，创始人或创始团队通常不拥有控制权，这意味着他们需要与其他股东合作进行决策。这种设计常见于需要大量外部投资，并且创始团队愿意分享大部分控制权的情况。

这四种股权设计只是常见的几种类型，并非一成不变，真正的股权设计需要考虑到创业公司的特殊情况和需求。理解并选择合适的股权设计，将有利于公司的健康发展和长远利益。

九、360 度反馈

360 度反馈是一种多维度的评估方法，通过收集来自各个方面的意见和反馈，全面了解个人在工作中的表现、能力和发展需求。它包括来自上级、同事、下属以及其他相关人士的观察、评价和建议。这种综合性的反馈可以提供更全面、客观的信息，帮助个人识别自己的优点和改进的方向，促进个人成长和组织发展。

1. 360 度反馈的内容。根据不同的具体情况和目的而有所不同，但通常包括以下五个方面：

（1）上级评价。上级可以针对个人的工作表现提供评价和建议，包括领导能力、目标达成情况、专业知识和技能等方面的评估。他们可以从更整体的角度评估个人的工作效果和潜力，并提供指导和培养的建议。

（2）同事评价。同事们可以针对个人与团队合作情况、沟通协调能力以及互动关系提供评价。他们的观察可以帮助个人发现自身在团队中的作用和影响，以及与他人的合作方式是否有效和高效。

（3）下属评价。下属可以针对个人的领导风格、指导和支持能力提供评价。他们可以发现个人在领导团队、培养他人和激励下属方面的优缺点，并提供改进意见。

（4）客户或外部评价。客户或外部合作伙伴的反馈也是有价值的，他们可以针对个人在与外部人士沟通合作、应对问题和满足需求方面提供评价，帮助个人了解自己对外部利益相关者的影响力。

（5）自我评价。除他人的反馈外，个人的自我评价也是重要的一环。个人可以通过反思和自我评估来识别自身的优势与改进的方向，然后将自我评价与他人的反馈相结合，形成更全面、更客观的认知。

2. 注意事项。

（1）匿名性。为了鼓励大家提供真实和开放的反馈，通常建议采用匿名方式进行评价，以确保参与者的意见得到保护，并降低参与者担心被报复或尴尬的可能性。

（2）评价标准和量表。为了确保评价的一致性和可比性，可以使用特定的评价标准和量表。这些标准和量表应与组织的价值观、目标和工作要求相匹配，以获取更有针对性的反馈。

（3）反馈解读和行动计划。接收到 360 度反馈后，个人需要认真阅读和解读评价结果，并与他人进行深入讨论和反思。基于反馈结果，可以制订个人发展计划，并采取措施改进个人能力和表现。

（4）组织支持和跟进。组织需要提供必要的支持和资源，帮助个人在改进过程中实现目标。领导者和管理团队应与个人保持沟通并提供指导，确保反馈得以落地和实施。

创业小故事

腾讯创新案例：微信小程序颠覆传统应用模式

腾讯是中国最大的互联网综合服务提供商之一，于1998年创立。从最初的即时通信软件QQ开始，腾讯以其卓越的创新能力和深刻的用户洞察，逐步开拓了社交、娱乐、信息和金融等多个领域，为全球用户提供了多元化的网络生活服务。

一个具体的创新案例是腾讯在社交电商领域的表现。腾讯以旗下的社交平台微信为基础，发展出微信小程序，这一创新的应用模式让用户无须下载和安装程序软件即可使用各种服务。微信小程序破解了手机内存容量有限的问题，解决了传统App安装困难、使用不便的问题。

微信小程序是腾讯在移动互联网领域的重要创新。据腾讯发布的2022年度报告显示，微信小程序的日活跃用户数已经超过4亿，覆盖了社区电商、线上教育、医疗健康、生活服务等多个领域，打破了传统电商模式，为用户提供了便捷的在线购物和生活服务体验。

微信小程序的成功展示了腾讯对用户需求的敏感洞察和出色的技术创新能力，以及腾讯在社交、游戏、娱乐等领域的深度挖掘和创新实践。

十、毛利率分析

毛利率是一个用于评估企业盈利能力的重要指标，它表示每单位销售收入中用于覆盖成本和产生利润的比例。毛利率是财务分析中常用的指标之一，可以帮助企业了解其产品或服务销售的盈利情况。

毛利率的计算公式如下：毛利率＝（销售收入－销售成本）/ 销售收入 ×100%。

其中，销售收入是企业在特定时期内通过销售产品或提供服务所获得的总收入；销售成本表示与销售相关的成本，包括原材料、人工、制造费用等。

毛利率分析对企业经营管理具有重要意义。

1. 盈利能力评估。毛利率是评估企业盈利能力的重要指标之一。通过分析毛利率，可以判断企业产品或服务的定价是否合理，以及盈利水平是否满足预期。较高的毛利率通常意味着企业具备更强的盈利能力。

2. 盈利结构分析。毛利率分析可以帮助企业了解不同产品或服务的盈利状况。通过对不同产品或服务的毛利率进行比较，可以确定哪些产品或服务对企业盈利贡献较高，进而优化产品组合和资源配置。

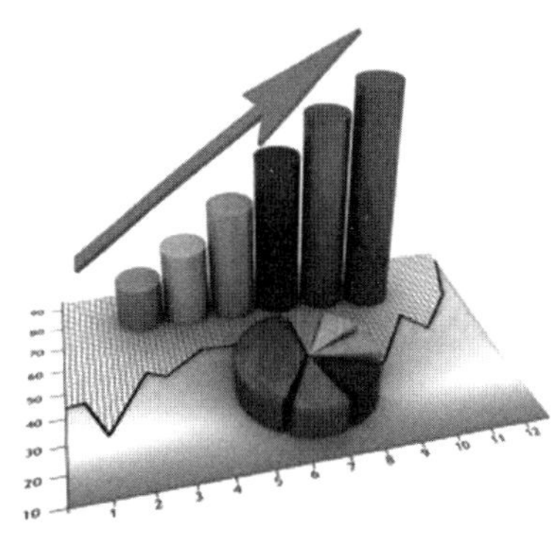

3. 成本控制和效率提升。毛利率分析对于企业的成本控制和效率提升非常重要。通过分析，企业可以了解到底销售成本中哪些方面偏高，从而找到降低成本、提高效率的方法。例如，可以通过优化供应链管理、提高生产效率、降低原材料采购成本等方式来改善毛利率。

4. 竞争力评估。毛利率也可以用于评估企业的竞争力。当企业的毛利率相对较高时，说明企业有更多的空间应对市场竞争，具备更强的定价能力。此外，企业通过提供有竞争力的产品和服务，也可以吸引更多的客户和市场份额，从而提高毛利率。

5. 经营决策支持。毛利率分析为企业的经营决策提供了重要依据。在制定销售策略、定价策略、产品组合策略等方面，毛利率可以提供参考，并帮助企业做出更明智的决策。

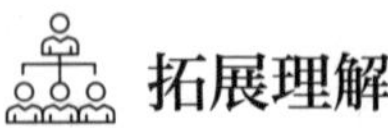

步骤	分析结果
比较和分析	收集不同商品服务的毛利率数据，并进行比较分析。根据组织内部的销售数据或行业的市场调研报告，收集涉及的商品服务的毛利率信息。使用图表或数据可视化工具绘制出不同商品服务的毛利率比较图，以便清晰地观察它们之间的差异
进行趋势分析	定期跟踪毛利率数据，并进行趋势分析。通过对历史数据的分析，观察不同商品服务的毛利率是否有明显的上升或下降趋势。考虑外部因素（如市场竞争、供应链或宏观经济因素）对毛利率的影响，以便更好地理解趋势变化
确定影响因素	分析不同商品服务的毛利率变化，并确定可能影响其变化的因素。考虑可能的内部因素（如成本控制、定价策略或产品质量）和外部因素（如市场需求变化或竞争态势）。进行数据挖掘和统计分析，以确定哪些因素对毛利率的变化有最显著的影响
制定改进措施	根据影响因素的分析结果，制定相应的改进措施。这可能包括优化供应链管理、降低成本、调整定价策略、提升产品或服务质量、开展市场推广活动等。与销售、运营和财务团队合作，制订具体的行动计划，并确保改进措施可执行
定期跟踪和评估	设立一个定期跟踪和评估的机制，以确保改进措施的有效性。制定指标和评估方法，对改进措施的实施结果进行定期监控和评估。根据定期评估的结果，及时调整和优化销售策略，以不断提升商品服务的毛利率

创业小故事

小米科技：互联网思维下的智能硬件革新

小米科技是于2010年创立的一家科技公司，最初以手机为主导产品，凭借高性价比和互联网营销而迅速走红，打破了手机行业的传统格局。小米手机依托高性价比和用户参与度极高的MIUI操作系统，满足了消费者对于质量优秀、价格实惠的智能手机的需求。这使得小米在短短几年内就取得了显著的市场份额。

除了智能手机，小米还创新推出了一系列的智能家居产品，如智能电视、智能扫地机器人、智能空气净化器等，形成了一个全面的智能生态系统，满足消费者在各种生活场景下的智能化需求。小米的这种“智能硬件+互联网服务”的模式，有效地解决了传统硬件产品更新换代快、利润空间小的问题，也让消费者享受到了科技带来的便捷生活。

截至2022年，小米已成为全球最大的物联网平台，连接的智能设备超过1.5亿台。小米科技以其独特的商业模式和创新实践，改变了传统电子消费品行业的“游戏规则”，成为中国科技创新的代表之一。

十一、商业模式画布

商业模式画布是一种可视化工具，用于描述和理解一个企业的商业模式。如图5-5所示，商业模式画布由互相关联的九个要素组成，这些要素共同构成了企业的商业逻辑和价值创造过程。商业模式画布能够帮助企业家和管理者全面、系统地思考和设计企业的商业模式，并在不同层面上进行分析和优化。

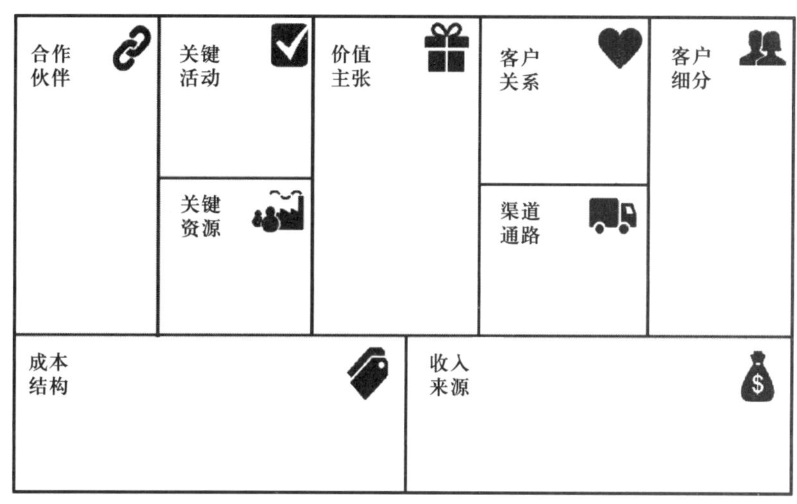

图5-5 商业模式画布

以下将详细介绍商业模式画布的九个要素：

1. 客户细分。客户细分构造模块用来描绘一个企业想要接触和服务的不同人群或组织，这里是指客户群体。

2. 价值主张。价值主张构造模块用来描绘为特定细分客户创造价值的系列产品和服务，这里主要是指企业的产品、服务或者解决方案。

3. 渠道通路。渠道通路描述了企业如何将价值主张传递给目标客户群体。例如，通过直接销售、零售分销、电子商务等方式，企业可以选择最适合的渠道来触达客户并交付产品或服务。渠道通路可以分为自有渠道和他有渠道、线上渠道和线下渠道。

渠道的价值主要包括以下五点：

（1）知名度。使客户更加了解公司的产品和服务。

（2）评估。帮助客户评估一家公司的价值主张。

（3）消费。提供更多消费点，使客户得以购买某项产品和服务。

（4）传递。向客户传递价值主张，解决问题，实现需求。

（5）售后。向客户提供售后支持。

4. 客户关系。客户关系是指企业与客户群体之间的互动和关系，包括获取新客户、建立长期关系、提供售后服务等方面。通过良好的客户关系，企业可以提升客户的忠诚度和满意度。

例如共同创造，与客户共同创造价值，许多公司超越了传统的客户与供应商的关系，而倾向于和客户共同创造价值。

5. 收入来源。收入来源描述了企业如何从价值主张中获得收入，包括直接销售产品、订阅服务、广告收入等多种形式。通过明确收入来源，企业可以制定有效的盈利模式。

常见的收入来源有七种。

（1）资产收费：最常见的收入方式，例如房产或一般的商品。

（2）使用收费：特定服务收费，例如电信运营商。

（3）订阅收费：通过重复使用的收入来收费，比如视频网站会员。

（4）租赁收费：通过将某种资产或商品在固定时间内暂时为他人所有而收费，例如共享单车。

（5）授权收费：将受到保护的知识产权或形象等进行授权，例如专利费用、IP 使用费、安卓系统授权、形象代言人。

（6）经纪收费：为整合多方利益而收取的中介服务费，例如房产中介费。

（7）广告收费：各种广告宣传推广服务费，例如爱奇艺的视频广告和搜索引擎的推广费。

6. 关键资源。关键资源是指企业所需的关键资产、技术或人力资源，包括专利技术、生产设备、品牌声誉、员工技能等。通过合理配置关键资源，企业可以实现其价值主张和战略目标。

关键资源的分类主要有四种。

（1）物理资源：厂房和设备等有形资源，例如传统产品制造商。

（2）无形知识性资源：品牌、产权、形象，例如迪士尼的 IP 资源。

（3）人力资源：人员，例如华为的研发人才，腾讯拥有的广大社交用户。

（4）财务资源：资金，例如投资机构的资金注入，京东的企业现金流。

7. 关键活动。关键活动是指企业必须进行的关键操作和任务。例如生产制造、市场推广、研发创新等。通过明确关键活动，企业可以有效地管理运营过程，提高效率和竞争力。关键活动类型举例如下：

（1）生产制造：核心是生产和制造商品，比如耐克厂家生产鞋子和衣服。

（2）解决问题：为个别用户提供解决方案，比如设计公司提供的工业、品牌、服装设计服务等。

（3）平台 / 网络：以平台为核心资源的商业模式，其关键业务都是与平台或网络相关的，比如微博要维护自身的服务器。

8. 合作伙伴。合作伙伴描述了企业与其他组织或企业之间的合作关系，包括供应商、分销商、共同研发伙伴等。通过建立合作伙伴关系，企业可以共享资源、降低成本、扩大市场份额。

（1）合作伙伴的价值：包括商业模式优化及规模效应，比如可口可乐的价格（可口可乐多年都不涨价，更多归因于其规模生产，还有供应商的管控）；降低风险和不确定性，比如大部分网点使用支付宝和微信支付；特殊资源及业务活动的获得，比如腾讯与京东的战略合作。

（2）合作伙伴的类型：包括非竞争者之间的战略同盟、竞争者之间的战略同盟、为新业务建立合资公司、基于供应关系的合作。

9. 成本结构。成本结构描述了企业的各项费用和成本，包括固定成本、变动成本、人力成本等。通过清晰地了解成本结构，企业可以优化成本控制，提高盈利能力。

商业模式画布的九个要素相互关联，共同构成了一个完整的商业模式。通过对每个要素的深入分析和设计，企业可以全面评估商业模式的优势和风险，并针对性地进行优化和创新。

商业模式画布具有以下优点。

（1）简洁明了。商业模式画布以简洁的方式呈现了企业的核心要素，使人们更容易理解和沟通企业的商业模式。

（2）全面性。商业模式画布覆盖了企业经营的方方面面，帮助企业家和管理者全面思考和设计商业模式。

（3）客户导向。商业模式画布着重强调客户需求和价值创造，使企业更加专注于满足客户需求并获得竞争优势。

（4）创新性。商业模式画布鼓励企业进行商业模式创新和实验，以寻求新的商业机会和发展方向。

（5）可迭代性。商业模式画布是一个灵活的工具，可以随着企业的变化和发展进行迭代和调整，适应动态的商业环境。

十二、跨部门协作

跨部门协作是指不同部门之间进行合作与协调，共同完成一个项目或目标的工作过程。在现代组织中，跨部门协作已经成为提高效率、推动创新和实现战略目标的重要方式之一。跨部门协作可以定义为不同部门之间合作与协调的过程，通过分享信息、资源和专业知识，共同解决问题、实现目标。它涉及不同部门之间的沟通、协商、合作和决策等活动，旨在提高整体的工作效率和质量。

跨部门协作最重要的是相关部门领导的配合性和沟通。这里的沟通，不仅要有清晰的计划、目标、执行流程，更重要的是相关人员的态度。

跨部门协作的内容包括以下几个方面：

1. 信息共享与沟通。跨部门协作的基础是及时准确地共享信息，包括项目目标、进展情况、需求和困难等。各个部门之间需要建立良好的沟通渠道和机制，保持信息的流通和畅通。

2. 资源整合与共享。不同部门之间往往有不同的资源，包括人力、物力、财力等。跨部门协作需要整合和共享这些资源，使其能够最大限度地发挥作用，满足项目或目标所需。

3. 专业知识与技能互补。不同部门的成员具备不同的专业知识和技能，在跨部门协作中，可以通过相互借鉴和学习的方式，实现知识与技能的互补，提高工作的综合能力。

4. 协调与决策。跨部门协作需要进行各种形式的协调和决策，包括解决冲突、制订计划、分配任务、优化资源配置等。有效地协调与决策可以确保跨部门协作的顺利进行，达到预期的目标。

5. 监控与评估。跨部门协作涉及多个部门的合作与贡献，因此需要建立监控与评估机制，对协作过程和结果进行监测与评估，及时发现问题并采取相应的措施。

创业小故事

可口可乐的创新之路：环保瓶装设计与多元化市场策略

可口可乐，由药剂师约翰·斯坦贝尔·彭伯顿于1886年创立，是全球知名度最高的软饮料品牌之一。它起初被设计为一种药剂，但现在已经成为全球消费者生活中不可或缺的一种饮品。可口可乐公司一直以创新精神推动产品和市场发展，无论是在饮料口味、包装设计，还是在市场营销方面。

一个值得一提的创新案例是可口可乐公司在可持续发展方面的努力。近年来，可口可乐公司已经开始使用全球首款由植物制成的全可回收塑料瓶——“PlantBottle”。这种瓶子由30%的植物材料制成，与传统的PET瓶相比，它在生产过程中的碳排放要降低25%。这是一项重要的创新，因为它有助于解决全球塑料污染问题，同时也让可口可乐公司在环保问题上取得了积极的进展。

可口可乐公司的“PlantBottle”项目在全球范围内得到了广泛的认可和应用。根据可口可乐公司的数据，截至2022年，已经有超过35个国家的可口可乐产品开始使用“PlantBottle”包装。在美国市场，这种包装的使用率甚至高达70%。除了在产品包装上的创新，可口可乐公司还在口味、营销策略等方面进行了大量的创新。例如，可口可乐零度、可口可乐Life等产品的推出，就是对消费者口味变化的快速响应。而可口可乐公司的营销活动，如名字共享活动，不仅提高了品牌认知度，也增强了与消费者的互动。

十三、4P营销组合

4P营销组合是指市场营销中的四个关键要素，即产品（Product）、价格（Price）、渠道（Place）和促销（Promotion）。这些要素是营销策略的基础，通过合理的组合和协调，能够帮助企业实现营销目标，满足消费者需求，提高市场竞争力。

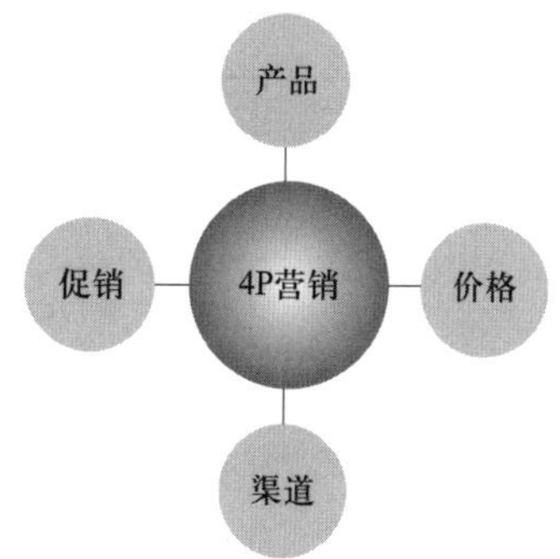

（1）产品。产品是指企业向市场提供的具有特定功能、能够满足消费者需求的有形或无形的产品。产品包括物质产品、服务、解决方案等。在4P营销组合中，确定产品的特征、品质、定位和核心竞争力是至关重要的。企业需要根据市场需求进行产品设计、开发、定价和推广，确保产品能够吸引目标客户群体。

（2）价格。根据不同的市场定位，制定不同的价格策略，产品的定价依据是企业的品牌战略，注重品牌的含金量。价格决策直接影响到消费者对产品的购买意愿和市场份额的获取。在4P营销组合中，企业需要根据竞争环境、成本、市场需求等因素来制定价格策略，如高价策略、低价策略、折扣策略等，以实现销售目标和利润最大化。

（3）渠道。渠道是指产品从生产者到终端消费者的流通路径。渠道决策涉及产品销售的地点选择、渠道成员的选择和管理等。在4P营销组合中，企业需要确定产品销售的渠道类型、分销策略，如直销、代理商、零售商等，以确保产品能够顺利地传递给消费者。

（4）促销。促销是指通过各种促销手段来传播产品信息、提高产品知名度和销售额的活动。促销涉及广告、公关、销售推广等方式。在4P营销组合中，企业需要制定有效的促销策略，如广告宣传、促销活动、促销礼品等，以吸引潜在客户、增加销售量和市场份额。

4P营销组合属于企业可以控制的要素，所以，企业可以根据目标市场的特点，选择产品、产品价格、销售渠道和促销手法，专业术语称这些选择和决定为“营销组合战略决策”。然而，4P营销组合不仅要受企业本身资源条件和目标市场的影响和制约，而且要受企业“外部环境”的影响和制约。“外部环境”包括人口环境、经济环境、自然环境、技术环境、政治和法律环境、社会和文化环境。这些社会力量代表企业的“不可控因素”，会给企业带来市场机会或威胁。市场营销管理的核心是密切监视其“外部环境”的动向，善于适当组合4P，使企业的“可控因素”与外部“不可控因素”相适应，这是企业经营管理能否成功、企业能否生存和发展的关键。

拓展理解

营销	具体措施
产品策略	确定产品的核心功能和特点，强调其与竞争对手的差异化优势。针对目标市场需求进行产品定位，提供满足用户需求的解决方案。不断改进和创新产品，以适应市场的变化和用户的需求
价格策略	确定合适的定价策略，考虑市场需求、产品成本、竞争对手定价等因素。如果可能，提供不同价格和套餐选择，以满足不同用户的需求和价值认知。通过折扣、促销活动等方式增加产品的吸引力

续表

营销	具体措施
渠道策略	确定适当的分销渠道，包括在线平台和线下零售渠道，以达到目标市场。建立合作关系，包括与零售商、经销商、在线市场等合作，以扩大产品的分销范围。提供方便和快捷的产品获取方式，如线上购买、快速发货等
促销策略	制定全面的市场推广策略，包括广告、公关、社交媒体营销等。运用数字营销技术和工具，如搜索引擎优化（SEO）、搜索引擎营销（SEM）、内容营销等。针对目标市场进行定向广告和推广活动，以提高产品的知名度和品牌认知度

知识模块 5　商业计划管控

创业小故事

字节跳动：崭新的内容分发方式，掀起全球社交媒体新浪潮

字节跳动是中国数字内容平台之一，于2012年成立。字节跳动的主要产品包括“今日头条”和“抖音”等，通过运用先进的人工智能技术，提供了一种全新的信息获取和分享方式。

一个具体的创新案例是抖音，这是一款基于人工智能算法为用户推荐个性化内容的短视频平台。抖音以短视频为载体，将信息的传递和娱乐性结合在一起，打破了传统的信息获取方式，提供了一种全新的信息消费体验。无论用户是在寻找新鲜的生活灵感，还是想要了解世界各地的新鲜事物，都可以通过抖音轻松获取。

根据《2022年中国移动互联网行业报告》显示，抖音在2022年的日活跃用户数已经超过6亿，成为中国最大的短视频平台。这不仅体现了抖音的巨大影响力，也说明了其创新模式的成功。

在此基础上，字节跳动还推出了抖音电商，这是抖音在社交电商领域的一次重要尝试。通过将用户的社交行为和消费行为紧密结合，抖音电商为用户提供了一种全新的购物体验，同时也为商家提供了一个高效的营销平台。

除了抖音，字节跳动的另一个重要产品——今日头条，也以其创新的信息推荐机制，为用户提供了一种全新的新闻阅读体验。通过运用人工智能算法，今日头条可以精准地为每个用户推送他们感兴趣的新闻和信息，大大提高了信息获取的效率。

字节跳动的创新在于它对人工智能技术的深度运用，以及对用户需求的精准把握。通过提供个性化的内容推荐，字节跳动使得信息获取变得更加方便和高效。

一、企业法律形式的选择

企业法律形式是指企业在法律上的表现形式，依据不同的划分标准可以划分为不同的种类，我国原先依据所有制、部门、地域为标准所划分的企业法律形式体系已经不能适应社会主义市场经济的需要，建立以组织形式、财产责任为划分标准的新型企业法律形式体系势在必行。

1. 企业的不同法律形式。根据《中华人民共和国公司法》《中华人民共和国证券法》《中华人民共和国中外合作经营企业法》《中华人民共和国外资企业法》等法律法规，中国企业的法律形式主要包括有限责任公司、股份有限公司、中外合资企业、中外合作企业、外商独资企业、合伙企业、个体工商户和农村承包经营户等。

对于不同法律形式的企业，有不同的要求。例如，开办和注册企业的资金、开办企业手续的难易程度、风险责任的大小、纳税额的多少、筹措资金的难易、寻找合伙人可

能性的大小、企业决策的复杂程度、企业利润的多少等。

因此，应该根据自己的经济实力和其他有关情况，选择适合的企业法律形式。

2. 企业法律形式的特点。不同的企业法律形式，其特点也各不相同，只有详细了解其特点，才能为选择企业的法律形式做好充分的准备。

（1）个体工商户。个体工商户业主只需一个人或一个家庭，人数上没有过多限制，注册资本也无数量限制，开办手续比较简单。业主只需要有相应的经营资金和经营场所，到市场监督管理部门办理登记手续即可。个体工商户还可以根据自己的需要注册企业名称。在经营上，由于全部资产属于自己所有，决策程序比较简单，不受他人制约；利润分配上，全部利润归自己或家庭，但同时对外要承担无限责任，相应的风险也比较大。

（2）个人独资企业。个人独资企业在业主数量与注册资金上与个体工商户相似，但设立手续比个体工商户要复杂，需要有合法的企业名称、有投资人申报的出资、有固定的生产经营场所和必要的生产经营条件及必要的从业人员。在经营决策与利润分配上与个体工商户相似，决策程序简单，利润归投资人所有同时负无限连带责任。

（3）合伙企业。合伙企业需要两个或两个以上的合伙人，无资本数量限制。成立条件较为复杂，需要两个以上的合伙人订立书面合伙协议，有合伙人的实际出资、合伙企业的名称、经营场所和从事合伙经营的必要条件。合伙企业的合伙人要依照合伙协议共同经营、共享利益、共担风险，各合伙人按照协议分配利润，同时要对合伙债务负无限连带责任。

（4）有限责任公司。有限责任公司需要由两个以上 50 个以下的股东组成，注册资金根据从事不同的行业而有所不同。同时，有限责任公司还需要股东共同制定公司的章程、建立符合要求的组织机构、有固定的经营场所和必要的生产经营条件，还应设立股东会、董事会和监事会，并由董事会聘请职业经理管理公司事务。有限责任公司办理开业登记的手续也较为复杂。有限责任公司的优点是股东按出资比例分配利润，并以认缴的实缴额为限承担有限责任，对创业者而言风险较低。

（5）股份有限公司。股份有限公司对股东的数量未做具体规定，对注册资本数量也无具体限制，按股东出资比例分配利润，同时，股东以出资额为限对公司承担有限责任。在经营上，企业成员认股，一般实行全员入股，建立资本金制度，职工既是参股人又是劳动者。

（6）中外合作经营企业。中外合作经营企业的投资人至少包括一个中方投资者和一个外方投资者。对于这类企业，法律并没有特殊的注册资本限制，但如果是有限责任公司形式的，注册资本要按照有限责任公司的规定执行，是股份有限公司的按照股份有限公司的规定执行。需要特别注意的是，申请设立中外合作经营企业，应当将中外合作者签订的合作协议、合同、章程等文件报请国务院对外经济贸易主管部门或者国务院授权的部门和地方政府审量就批准后方可。中外合作经营企业按照合作合同分配利润，并且要承担与其全部资产相当的债务责任。该种企业形式在经营上设董事会或者联合管理机构，依照合作企业合同或者章程规定，决定合作企业的重大问题。中外合作经营企业的董事长或联合管理机构主任可由中国公民或外国公民担任，一方担任主任的，副董事长或联合管理机构副主任由另外一方担任。

（7）中外合资经营企业。中外合资经营企业投资人至少包括一个中方投资者和一个外方投资者，这种企业形式属于有限责任公司形式，注册资本按照有限责任公司的规定执行。申请设立中外合资经营企业，应当将中外合资者签订的协议、合同、章程等文件报请国务院对外经济贸易主管部门或者国务院授权的部门和地方政府审查批准，同时要求符合有限责任公司设立条件。外方投资者的投资比例一般不低于25%。中外合资经营企业的利润分配是按出资比例进行的，同时中外双方也要以出资额为限承担有限责任。在经营上，中外合资经营企业设立董事会，董事会人员由投资各方协商确定，一方担任董事长的，由另外一方担任副董事长，正副总经理也由合资各方分别担任。

拓展理解

<table>
<tr><th>考虑因素</th><th>具体内容</th><th>综合考虑决定</th></tr>
<tr><td>拟创办企业的规模</td><td>根据企业的规模大小，可以选择不同的法律形式。如果企业规模较小，可以选择个体工商户或者合伙企业；如果企业规模较大，可以选择有限责任公司或者股份有限公司</td><td rowspan="6">综合考虑上述因素，创业者可以根据自己的实际情况选择最适合自己的法律形式。例如，如果创业者拥有较多的资金，可以选择有限责任公司或者股份有限公司，以获得更好的保护和发展机会。如果创业者拥有较少的资金，可以选择个体工商户或者合伙企业，以减少创业成本。如果创业者主张保护团队利益，可以选择有限责任公司或者股份有限公司，以便团队成员共同承担责任。如果创业者能够承受较大的风险，可以选择有限责任公司或者股份有限公司，以便在经营中获得更大的自由度和机会。如果创业者准备进入发展前景较好的行业，可以选择有限责任公司或者股份有限公司，以便在行业中获得更大的竞争优势。总之，创业者应该根据自己的实际情况，综合考虑各种因素，选择最适合自己的法律形式</td></tr>
<tr><td>创业时所拥有的资金数</td><td>如果创业时所拥有的资金较少，可以选择个体工商户或者合伙企业；如果创业时所拥有的资金较多，可以选择有限责任公司或者股份有限公司</td></tr>
<tr><td>共同创业人数</td><td>如果共同创业人数较多，可以选择有限责任公司或者股份有限公司；如果共同创业人数较少，可以选择个体工商户或者合伙企业</td></tr>
<tr><td>创业的观念</td><td>如果创业者主张保护个人利益，可以选择个体工商户或者合伙企业；如果创业者主张保护团队利益，可以选择有限责任公司或者股份有限公司</td></tr>
<tr><td>所能承受的风险</td><td>如果创业者能够承受较大的风险，可以选择有限责任公司或者股份有限公司；如果创业者不能承受较大的风险，可以选择个体工商户或者合伙企业</td></tr>
<tr><td>所在行业的发展前景</td><td>如果创业者准备进入发展前景较好的行业，可以选择有限责任公司或者股份有限公司；如果创业者准备进入发展前景较差的行业，可以选择个体工商户或者合伙企业</td></tr>
</table>

二、了解企业注册流程

1. 个体工商户

（1）申请。

1）申请人或者委托的代理人可以直接到经营场所所在地登记机关登记。

2）登记机关委托其下属工商所办理个体工商户登记的，到经营场所所在地市场监督管理部门登记。

3）申请人或者其委托的代理人可以通过邮寄、传真、电子数据交换、电子邮件等方式向经营场所所在地登记机关提交申请。通过传真、电子数据交换、电子邮件等方式提交申请的，应当提供申请人或者其代理人的联络方式及通信地址。对登记机关予以受理的申请，申请人应当自收到受理通知书之日起 5 日内，提交与传真、电子数据交换、电子邮件内容一致的申请材料原件。

（2）受理。

1）对于申请材料齐全、符合法定形式的，登记机关应当受理。

申请材料不齐全或者不符合法定形式，登记机关应当当场告知申请人需要补正的全部内容，申请人按照要求提交全部补正申请材料的，登记机关应当受理。可以当场更正申请材料错误的，登记机关应当允许申请人当场更正。

2）登记机关受理登记申请，除当场予以登记的外，应当发给申请人受理通知书。

对于不符合受理条件的登记申请，登记机关不予受理，并发给申请人不予受理通知书。

申请事项依法不属于个体工商户登记范畴的，登记机关应当即时决定不予受理，并向申请人说明理由。

（3）审查和决定。登记机关对决定予以受理的登记申请，根据下列情况分别做出是否准予登记的决定：

1）申请人提交的申请材料齐全、符合法定形式的，登记机关应当当场予以登记，并发给申请人准予登记通知书。

根据法定条件和程序，需要对申请材料的实质性内容进行核实的，登记机关应当指派两名以上工作人员进行核查，并填写申请材料核查情况报告书。登记机关应当自受理登记申请之日起 15 日内做出是否准予登记的决定。

2）对于以邮寄、传真、电子数据交换、电子邮件等方式提出申请并经登记机关受理的，登记机关应当自受理登记申请之日起 15 日内做出是否准予登记的决定。

3）登记机关做出准予登记决定的，应当发给申请人准予个体工商户登记通知书，并在 10 日内发给申请人营业执照。

4）不予登记的，应当发给申请人个体工商户登记驳回通知书。

2. 个人独资企业

（1）申请。由投资人或者其委托的代理人向个人独资企业所在地登记机关申请设立登记。

（2）受理、审查和决定。登记机关应当在收到全部文件之日起 15 日内，做出核准登记或者不予登记的决定。予以核准的发给营业执照；不予核准的，发给企业登记驳回通知书。

3. 合伙企业

（1）申请。由全体合伙人指定的代表或者共同委托的代理人向企业登记机关申请设立登记。

（2）受理、审查和决定。申请人提交的登记申请材料齐全、符合法定形式，企业登记机关能够当场登记的，应予当场登记，发给合伙企业营业执照。企业登记机关应当自受理申请之日起 20 日内，做出是否登记的决定。予以登记的，发给合伙企业营业执照；不予登记的，应当给予书面答复，并说明理由。

4. 有限责任公司

（1）申请。由全体股东指定的代表或者共同委托的代理人向公司登记机关申请设立登记。

（2）受理。公司登记机关根据下列情况分别做出是否受理的决定：

1）申请文件、材料齐全，符合法定形式的，或者申请人按照公司登记机关的要求提交全部补正申请文件、材料的，决定予以受理。

2）申请文件、材料齐全，符合法定形式，但公司登记机关认为申请文件、材料需要核实的，决定予以受理，同时书面告知申请人需要核实的事项、理由以及时间。

3）申请文件、材料存在可以当场更正的错误的，允许申请人当场予以更正，由申请人在更正处签名或者盖章，注明更正日期；经确认申请文件、材料齐全，符合法定形式的，决定予以受理。

4）申请文件、材料不齐全或者不符合法定形式的，当场或者在 5 日内一次告知申请人需要补正的全部内容；当场告知时，将申请文件、材料退回申请人；属于 5 日内告知的，收取申请文件、材料并出具收到申请文件、材料的凭据，逾期不告知的，自收到申请文件、材料之日起即为受理。

5）不属于公司登记范畴或者不属于本机关登记管辖范围的事项，即时决定不予受理，并告知申请人向有关行政机关申请。

公司登记机关对通过信函、电报、电传、传真、电子数据交换和电子邮件等方式提出申请的，自收到申请文件、材料之日起 5 日内做出是否受理的决定。

（3）审查和决定。公司登记机关对决定予以受理的登记申请，分别情况在规定的期限内做出是否准予登记的决定：

1）对申请人到公司登记机关提出的申请予以受理的，当场做出准予登记的决定。

2）对申请人通过信函方式提交的申请予以受理的，自受理之日起 15 日内做出准予登记的决定。

3）通过电报、电传、传真、电子数据交换和电子邮件等方式提交申请的，申请人应当自收到《受理通知书》之日起 15 日内，提交与电报、电传、传真、电子数据交换和电子邮件等内容一致并符合法定形式的申请文件、材料原件；申请人到公司登记机关提交申请文件、材料原件的，当场做出准予登记的决定；申请人通过信函方式提交申请文件、材料原件的，自受理之日起 15 日内做出准予登记的决定。

4）公司登记机关自发出《受理通知书》之日起60日内，未收到申请文件、材料原件，或者申请文件、材料原件与公司登记机关所受理的申请文件、材料不一致的，作出不予登记的决定。

公司登记机关需要对申请文件、材料核实的，自受理之日起15日内做出是否准予登记的决定。

（4）发照。公司登记机关做出准予公司设立登记决定的，出具《准予设立登记通知书》，告知申请人自决定之日起10日内，领取营业执照。

公司登记机关作出不予登记决定的，出具《登记驳回通知书》，说明不予登记的理由，并告知申请人享有依法申请行政复议或者提起行政诉讼的权利。

5. 提交材料

（1）个体工商户需准备的材料。

1）经营者签署的个体工商户注册登记申请书。

2）委托代理人办理的，还应当提交经营者签署的《委托代理人证明》及委托代理人身份证明。

3）经营者身份证明。

4）经营场所证明。

5）《个体工商户名称预先核准通知书》（设立申请前已经办理名称预先核准的须提交）。

6）申请登记的经营范围中有法律、行政法规规定的必须在登记前报经批准的项目，应当提交有关许可证书或者批准文件。

7）申请登记为家庭经营的，以主持经营者作为经营者登记，由全体参加经营家庭成员在《个体工商户开业登记申请书》经营者签名栏中签字予以确认。提交居民户口簿或者结婚证复印件作为家庭成员亲属关系证明，同时提交其他参加经营家庭成员的身份证复印件。

8）国家市场监督管理总局规定提交的其他文件。

（2）个人独资企业需准备的材料。

1）投资人签署的《个人独资企业登记（备案）申请书》。

2）投资人身份证明。

3）投资人委托代理人的，应当提交投资人的委托书原件和代理人的身份证明或资格证明复印件（核对原件）。

4）企业住所证明。

5）《名称预先核准通知书》（设立申请前已经办理名称预先核准的须提交）。

6）从事法律、行政法规规定须报经有关部门审批的业务的，应当提交有关部门的批准文件。

7）国家市场监督管理总局规定提交的其他文件。

（3）合伙企业需准备的材料。

1）全体合伙人签署的《合伙企业登记（备案）申请书》。

2）全体合伙人的主体资格证明或者自然人的身份证明。

3）全体合伙人指定代表或者共同委托代理人的委托书。

4）全体合伙人签署的合伙协议。

5）全体合伙人签署的对各合伙人缴付出资的确认书。

6）主要经营场所证明。

7）《名称预先核准通知书》（设立申请前已经办理名称预先核准的须提交）。

8）全体合伙人签署的委托执行事务合伙人的委托书；执行事务合伙人是法人或其他组织的，还应当提交其委派代表的委托书和身份证明复印件（核对原件）。

9）以非货币形式出资的，提交全体合伙人签署的协商作价确认书或者经全体合伙人委托的法定评估机构出具的评估作价证明。

10）法律、行政法规或者国务院规定设立合伙企业须经批准的，或者从事法律、行政法规或者国务院决定规定在登记前须经批准的经营项目，须提交有关批准文件。

11）法律、行政法规规定设立特殊的普通合伙企业需要提交合伙人的职业资格证明的，提交相应证明。

12）国家市场监督管理总局规定提交的其他文件。

（4）有限责任公司需准备的材料。

1）公司法定代表人签署的设立登记申请书。

2）全体股东指定代表或者共同委托代理人的证明。

3）公司章程。

4）股东的主体资格证明或者自然人身份证明。

5）载明公司董事、监事、经理的姓名、住所的文件以及有关委派、选举或者聘用的证明。

6）公司法定代表人任职文件和身份证明。

7）企业名称预先核准通知书。

8）公司住所证明。

9）国家市场监督管理总局规定要求提交的其他文件。

法律、行政法规或者国务院决定规定设立有限责任公司必须报经批准的，还应当提交批准文件。

三、商业计划书框架结构

商业计划书是一个全面描述创业项目或新业务的文档，它提供了一个详尽的框架，用于传达企业的目标、战略、运营和财务计划等关键信息。商业计划书的框架结构旨在帮助创业者系统地组织和呈现计划的各个方面，并使读者能够全面了解企业的商业模式、市场机会、竞争环境以及可行性和潜力。以下是商业计划书常见框架结构的内容。

1. 执行摘要。执行摘要通常被认为是商业计划书最重要的部分，因为它是第一个被阅读的内容，可以对整个计划进行快速概述。执行摘要应包括以下内容：

（1）公司概况。提供关于公司的背景、核心价值观和愿景的简介。

（2）市场概况。描述目标市场的规模、增长趋势和机会。

（3）产品或服务。介绍公司的产品或服务，强调其独特的特点和优势。

（4）商业模式。说明企业的盈利模式和收入来源。

（5）财务信息。提供关键的财务数据和指标，如销售预测、利润和现金流等。

（6）融资需求。阐述企业的融资需求和资金用途。

2. 公司概述。公司概述部分详细介绍创业公司的背景信息、组织结构和管理团队等内容，以便读者对企业有全面的了解。公司概述主要包括以下要素：

（1）公司背景。介绍公司的成立背景、发展历程和重要里程碑。

（2）公司使命与愿景。阐述公司的使命宣言和长远目标，说明企业的核心价值观。

（3）产品或服务。详细描述企业提供的产品或服务，包括其功能、特点和竞争优势。

（4）商业模式。解释公司的商业模式，包括收入来源、用户获取和留存策略等。

（5）组织架构。展示企业的组织结构和团队成员，说明各个职能部门的职责和关系。

3. 市场分析。市场分析部分旨在评估目标市场的规模、增长趋势和竞争环境，并揭示企业的市场机会和挑战。市场分析主要包括以下内容：

（1）目标市场。界定目标市场的范围和细分，描述目标客户的特征和需求。

（2）市场规模和趋势。分析目标市场的规模、增长趋势和预测，确定市场潜力。

（3）竞争环境。评估竞争对手的数量、实力和市场份额，分析其优势和劣势。

（4）市场机会。揭示目标市场中的机会和需求缺口，说明企业如何满足这些需求。

4. 产品或服务。该部分重点介绍创业项目或新业务的具体产品或服务，详细描述其特点、功能、优势以及与竞争对手的区别。产品或服务主要包括以下内容：

（1）产品或服务描述。详细说明产品或服务的特征、功能、性能和使用方式。

（2）独特卖点。强调产品或服务的独特卖点，阐述为何能吸引目标客户。

（3）竞争优势。比较分析与竞争对手的优势和差异，说明如何领先市场。

（4）开发计划。阐述产品或服务的开发过程和计划，包括时间表和里程碑。

5. 市场营销策略。市场营销策略部分说明如何推广和销售产品或服务，吸引目标客户，并建立品牌声誉。市场营销策略包括以下关键要素：

（1）市场定位。界定目标市场细分并确定自己的目标客户群体。

（2）品牌建设。描述企业的品牌定位、形象和价值主张，建立品牌声誉。

（3）市场推广。提出市场推广和宣传的具体策略和渠道选择，如社交媒体、广告等。

（4）销售计划。阐述销售目标、渠道策略、销售人员组织和销售预测等。

6. 运营计划。运营计划部分详细描述企业的日常运营方式，包括供应链管理、生产计划、质量控制、人力资源管理和合作伙伴关系等。运营计划主要包括以下内容：

（1）供应链管理。说明供应商选择、采购流程和存货管理等供应链相关事项。

（2）生产计划。阐述产品或服务的生产过程、生产设备和生产能力规划。

（3）质量控制。描述如何确保产品或服务的质量并符合标准。

（4）人力资源管理。说明员工招聘、培训、绩效评估和薪酬福利制度等。

（5）合作伙伴关系。介绍与供应商、分销商和合作伙伴的合作关系与策略。

7. 组织和管理团队。组织和管理团队部分介绍企业的领导团队和关键团队成员的背景与专业能力，以及组织结构和职责分工。组织和管理团队主要包括以下内容：

（1）领导团队。介绍创始人、高管团队和其他重要决策者的背景与经验。

（2）关键团队成员。强调关键团队成员的专业能力和对企业的重要贡献。

（3）组织结构。使用图表或表格形式展示企业的组织结构和层级关系。

（4）职责分工：说明各个团队成员的职责和责任范围，确保有效协作。

8. 财务计划。财务计划是商业计划书的重要组成部分，包括预测的财务数据、资金需求、盈利模式和风险分析等。财务计划包括以下关键要素：

（1）销售预测。根据市场分析和市场营销策略，预测未来一段时间的销售量和收入。

（2）成本预测。预估生产成本、运营成本和其他相关成本，以及固定成本和可变成本。

（3）现金流量表。列示企业在一段时间内的现金收入和支出情况，包括投资和融资活动。

（4）盈利模式。说明企业的盈利方式和利润预测，包括毛利率和净利润率等指标。

（5）资金筹集计划。阐述企业的资金需求和筹集资金的计划，如股权融资或借款。

（6）风险分析。评估企业可能面临的财务风险和不确定性，并提供相应的风险管理策略。

9. 风险管理。风险管理部分描述企业可能面临的风险和不确定性，并提供相应的风险管理策略。风险管理主要包括以下内容：

（1）市场风险。分析市场竞争、需求变化等因素对业务的潜在影响。

（2）技术风险。评估技术方面的挑战，如技术更新、竞争压力等。

（3）财务风险。识别财务方面的风险，如资金短缺、成本超支等。

（4）法律和合规风险。考虑与法律和合规要求相关的风险。

商业计划书框架结构的定义可以根据具体需求进行调整和个性化定制。上述框架提供了一个基本的指导，以便有效地传达创业项目或新业务的核心信息，帮助投资人、合作伙伴和利益相关者更好地理解和评估企业的潜力和可行性。

四、商业计划书模板

基于上述商业计划书框架，个性化编写自己项目的商业计划书，以下是四种类型的商业计划书模板参考。

1. 饮品门店类个体工商户商业计划书模板。

（1）项目概述。

业务名称和主营业务：饮品门店的名称以及主要销售的饮品种类。

商业愿景：企业的长期目标和发展方向。

（2）市场分析。

目标市场：描述主要服务的消费者群体以及他们的消费习惯和需求。

竞争环境：分析竞争对手的情况，包括他们的优点和缺点。

（3）产品介绍。

饮品种类：详述门店提供的饮品种类和特色。

供应链：介绍原材料的采购渠道和标准。

（4）运营策略。

营业时间和地点：详述门店的营业时间和地理位置。

人员配置：包括店长、饮品制作员、服务员等。

（5）营销计划。

宣传方式：包括口碑传播、社交媒体宣传、优惠活动等。

客户关系维护：介绍如何提供优质的客户服务以保持和增加客户群。

（6）财务规划。

成本预算：估计初期开店所需的资金，以及日常运营的开销。

收益预测：预测在一段时间内可能的销售收入和利润。

2. 家用设备维修类个人独资企业商业计划书模板。

（1）公司概述。

公司名称和业务性质：提供什么类型的家用设备维修服务。

商业目标和愿景：阐述企业的长期目标和发展方向。

（2）市场分析。

目标市场：描述主要服务的消费者群体，以及他们的消费需求和习惯。

行业分析：了解家用设备维修行业的现状，例如市场规模、增长趋势等。

竞争对手分析：描述主要的竞争对手以及他们的优势和劣势。

（3）服务介绍。

维修服务：列出可以维修的设备种类，包括技术规格、服务流程等。

服务优势：阐述客户为什么选择你的服务，比如技术专业、响应快速、价格合理等。

（4）运营和组织结构。

组织结构：描述你的团队成员以及他们的职责和技能。

运营流程：描述接收服务请求到完成维修的整个过程。

（5）营销和销售策略。

客户获取策略：如何吸引新的客户，例如广告、优惠活动等。

客户关系维护：描述如何保持良好的客户关系，提供高质量的服务。

（6）财务计划。

开支预算：预估开业初期的投入以及日常运营成本。

收益预测：预测在一定时期内的收益情况。

（7）风险和问题。

潜在风险：例如设备损坏、技术更新、市场竞争等。

应对策略：如何预防和处理可能出现的问题和风险。

3. 广告设计类合伙企业商业计划书模板。

（1）企业概述。

公司名称和业务性质：提供什么类型的广告设计服务。

商业目标和愿景：阐述企业的长期目标和发展方向。

（2）合伙人和组织结构。

合伙人：描述各个合伙人的角色、经验、技能和责任。

组织结构：描绘公司的内部组织和运作方式。

（3）市场分析。

目标市场：描述主要服务的消费者群体，以及他们的消费需求和习惯。

行业分析：了解广告设计行业的现状，例如市场规模、增长趋势等。

竞争对手分析：描述主要的竞争对手以及他们的优势和劣势。

（4）服务介绍。

广告设计服务：详细介绍设计服务种类、创新理念、执行方式等。

服务优势：阐述客户为什么选择你的服务，比如创新设计、专业团队、高效执行等。

（5）运营策略。

创意和设计流程：描述从接受任务到交付成果的整个过程。

客户关系管理：描述如何与客户沟通和维持良好的关系。

（6）营销和销售策略。

客户获取策略：如何吸引新的客户，例如投标、社交媒体宣传等。

客户维护：描述如何保持和提升客户满意度和忠诚度。

（7）财务计划。

开支预算：预估开业初期的投入以及日常运营成本。

收益预测：预测在一定时期内的收益情况。

（8）风险和问题。

潜在风险：例如创意产权问题、客户需求变动、市场竞争等。

应对策略：如何预防和处理可能出现的问题和风险。

（9）发展计划。

扩张策略：计划如何扩大业务规模或扩展服务种类。

长期目标：描述你希望公司在未来的发展方向。

4. 科技产品类有限责任公司的商业计划书模板。

（1）企业概述。

公司名称和业务性质：定义你的科技产品类有限责任公司。

商业目标和愿景：描述公司的长期发展目标和愿景。

（2）公司组织和管理。

公司结构：描述公司的组织结构以及每个部门或团队的职责。

管理团队：列出公司的主要管理人员和他们的专业背景。

（3）产品和服务。

产品描述：详细介绍公司的科技产品，包括其特性和功能。

服务：如果有提供任何与产品相关的服务，也需要进行详细描述。

（4）市场分析。

市场定义：定义你的目标市场，包括地理位置、客户人口等。

市场趋势：分析市场的发展趋势和可能的机遇。

竞争对手分析：分析你的主要竞争对手以及他们的优势和劣势。

（5）营销和销售策略。

营销策略：描述你打算如何推广和销售你的产品。

销售策略：包括价格定位、销售渠道等。

（6）研发计划。

技术研发：描述你的研发团队以及他们的技术能力和经验。

产品开发路线图：描述你计划如何进行产品开发和改进。

（7）财务规划。

初始投资：计算启动你的科技产品类有限责任公司需要的初始投资。

收支预测：预测未来几年的收入和支出。

（8）风险评估和管理。

风险分析：识别可能面临的风险，如技术风险、市场风险等。

风险应对策略：描述你打算如何应对这些风险。

（9）拓展策略。

拓展计划：描述你的计划，如何扩大市场、提升销售或增加新的产品线。

五、法律和合规风险评估

法律和合规风险评估是指对企业所面临的法律和合规方面的潜在威胁进行系统性的分析和评估，以确定企业在法律和合规方面可能存在的风险，并提出相应的防范和控制措施。法律和合规风险评估的定义的解释，包括其目的、方法和重要性。

1. 目的。法律和合规风险评估的主要目的是帮助企业识别并理解其在法律和合规方面的潜在风险和隐患，并为企业提供指导，以制定相应的风险管理策略和措施。通过对企业内外部环境进行全面的审查和分析，法律和合规风险评估可以帮助企业预测可能发生的法律问题和合规风险，及时采取应对措施，保护企业的合法权益和声誉。

2. 方法。法律和合规风险评估通常包括以下几个步骤：

（1）信息收集。收集企业的相关信息，包括企业的组织结构、业务活动、员工情况、合同和协议、知识产权等。同时收集与企业相关的法律和合规要求、政策法规、行业标准及最新的法律动态等。

（2）风险识别。通过对收集到的信息进行分析，识别出与企业相关的潜在法律和合规风险。这些风险可能包括合同纠纷、劳动法违规、知识产权侵权、环境污染等。

（3）风险评估。对已识别出的风险进行评估，包括风险的概率、影响程度和紧急程度等方面的评估。评估可以借助专业的评估工具和方法，如风险矩阵、风险指数等。

（4）风险优先级排序。根据风险评估结果，对风险进行优先级排序，确定哪些风险是最紧迫和最重要的，需要首先关注和处理。

（5）风险控制策略。制定相应的风险控制策略和措施，包括风险预防、风险应对和风险转移等。这些策略和措施应该是可操作和可执行的，帮助企业降低风险发生的概率和损失的程度。

（6）监测和改进。建立监测机制，定期跟踪和评估已实施的风险控制措施的有效性，及时调整和改进措施，以适应不断变化的法律和合规环境。

3. 重要性。法律和合规风险评估对企业具有重要的意义。

（1）预防风险。通过对潜在法律和合规风险的评估，企业可以提前发现并预防可能发生的法律问题和合规风险，避免事后被迫采取应急措施。

（2）保护企业利益。合理的法律和合规风险评估可以帮助企业合理安排和管理风险，保护企业的合法权益和经济利益。

（3）提高决策的科学性。通过全面评估法律和合规风险，企业可以在制定决策时考虑到潜在的法律和合规影响，降低风险发生的可能性，增加决策的科学性和准确性。

（4）维护声誉和社会形象。合规是企业社会责任的一部分，通过对法律和合规风险的评估和风险管理措施的实施，企业可以维护自身的声誉和社会形象，提高公众对企业的信任度。

总之，法律和合规风险评估是企业风险管理中的重要组成部分。通过科学、系统地评估潜在的法律和合规风险，企业可以更好地保护自身的利益，降低潜在风险的发生概率和影响程度。这有助于企业遵守法律法规，建立良好的企业治理和合规文化，提升企业竞争力和可持续发展能力。

4. 法律分析。合规风险评估，是企业为识别、管理、控制与其经营活动相关的法律、道德及职业规范等方面的合规风险所采取的评估方法。合规风险评估可以帮助企业提前发现潜在合规风险，采取针对性措施，从而降低企业承担法律责任的风险。

进行合规风险评估，需要先了解企业所面临的法律、职业道德和行业规范等方面的规定，根据企业的实际情况，制定适合企业的合规规定和程序，并定期进行审核和更新。

综上所述，合规风险评估是现代企业管理中不可缺少的一环，只有通过建立健全的内部管理制度和风险防范机制，并根据实际情况定期进行评估、审核和更新，才能减少企业承担法律责任的风险，保证企业经营合法合规。

创新小故事

阿里巴巴的法律和合规风险评估——一场危机转变为机遇的实践

近年来，全球大型企业的合规问题成了公众关注的焦点，2019 年，中国电商阿里巴巴因 SEC 的调查而引发了广泛关注。该事件成了对阿里巴巴的一个重大考验，同时也给其他企业提供了一次深度反思和学习的机会。在 SEC 调查中，阿里巴巴被指控其财务报告可能没有充分披露与合规相关的风险。这种隐含的风险最终导致了股价的下滑，严重影响了阿里巴巴的市场信誉。这不仅引发了投资者和股东们的关注，也使得企业对法律和合规问题的重视程度达到了新高。

然而，阿里巴巴并没有被此次危机所击倒。相反，他们把这次事件视为一次转型的机会，将合规性置于公司运营的前沿。阿里巴巴加强了对公司所有业务活动的法律监管，确保各业务环节都能符合法规要求。通过改进公司的内部管理结构，提升合规意识，以及构建强有力的法律团队，阿里巴巴成功地将一场危机转变为了自身发展的契机。阿里巴巴的这种转变，正好符合了中国政府近年来对企业合规和公正竞争的强调。在政策的推动下，更多的企业开始意识到法律合规不仅是必需的责任，也是获取市场竞争优势的关键。

总的来说，阿里巴巴在经历了 SEC 的调查后，不仅有效地应对了合规风险，更在此过程中提升了企业的法律意识和合规能力。阿里巴巴的这次变革，也展示了一家现代企业如何在法律和合规风险面前转危为机，创新发展。

六、供应链风险分析

供应链风险分析是对供应链系统中可能发生的风险进行评估和预测的过程。它涉及对供应链中各个环节、各个参与方以及外界因素进行综合分析，以识别潜在的风险，并采取相应的措施来减轻或应对这些风险。

供应链风险分析的内容通常包括以下几个方面：

1. 供应商风险。供应链中的供应商可能面临的风险，包括质量问题、交付延迟、支付能力不足等。通过评估供应商的稳定性、质量管控能力、业务连续性计划等方面的指标，可以确定供应商风险的程度。

2. 需求风险。需求波动、市场竞争、消费者偏好变化等因素可能导致供应链的需求风险。通过分析市场数据、销售预测、市场调研等手段，可以预测需求变化并评估需求风险的影响。

3. 库存风险。供应链中库存管理可能存在的风险，包括过高或过低的库存水平、库存损失、库存过期等。通过库存数据分析、订单满足率评估、库存周转率计算等手段，可以确定库存风险的现状和潜在问题。

4. 物流风险。物流环节中可能面临的风险，包括运输延误、运输成本增加、货物损坏等。通过对物流网络、运输过程、供应链可视化等的分析，可以评估物流风险并制定相应的物流管理策略。

5. 技术风险。供应链中的信息系统、数据安全、技术创新等方面存在的风险可能影响供应链的正常运作。通过评估信息系统的可靠性、安全措施的有效性以及技术更新的速度等指标，可以确定技术风险的程度。

6. 政策与法规风险。政策变化、贸易壁垒、法律法规的要求等因素可能对供应链的运作带来风险。通过了解相关政策、法规以及监管机构的要求，可以识别潜在的政策与法规风险，并制定相应的合规策略。

7. 自然灾害与灾难风险。地震、洪水、火灾等自然灾害以及电力中断、网络故障等灾难事件可能对供应链系统造成重大影响。通过评估地理位置、气象数据、灾备计划等方面的信息，可以预测自然灾害与灾难风险，并采取相应的风险管理措施。

拓展理解

供应链风险分析	描述
确定分析目标	首先，确定分析目标是关键。在婚纱广告设计行业中，供应链风险可能包括材料供应中断、物流延迟、人力资源问题等。因此，需要明确要分析的具体风险，以便制定相应的应对策略
收集数据	收集相关数据是进行供应链风险分析的关键步骤。可以从内部和外部渠道收集数据，如供应商绩效数据、市场趋势、天气预报等。这些数据将帮助你评估潜在风险的概率和影响程度
识别潜在风险	利用收集到的数据，可以开始识别潜在风险，可能包括供应商倒闭、原材料短缺、交通拥堵等。通过分析数据和行业情况，可以确定可能面临的风险类型和风险事件
评估风险影响	对每个潜在风险进行评估，确定其对企业的影响程度。这可以通过定量和定性方法实现。定量方法包括评估损失的潜在金额，而定性方法则可以考虑声誉影响、市场份额等因素
优先级排序	根据评估的风险影响，对潜在风险进行优先级排序。将重点放在对企业最具影响力的风险上，这有助于指导应对策略的制定
制定风险应对策略	根据优先级排序的结果，制定针对每个风险的应对策略。这可能包括多个方面，如建立备用供应商关系、制订应急物流计划、培养内部团队的技能和知识等
实施和监控	将制定的应对策略付诸实施，并定期监控其实施效果。确保策略在实际应对风险的过程中得到有效执行，并及时调整和更新策略，以应对新的风险
持续改进	建立一个持续改进的机制，以反思和改进供应链风险管理措施。定期审查和评估风险管理计划的有效性，并根据实践经验和市场变化进行调整和改进

创新小故事

苹果公司的供应链风险分析——灾难中的逆袭与韧性提升

供应链管理是全球企业运营中至关重要的一环，尤其对于像苹果这样在全球范围内拥有庞大供应链网络的公司。2011 年，日本发生的地震和海啸成为一个典型供应链风险事件，给苹果公司及其产品生产带来了巨大影响。日本地震和海啸造成的供应链中断是苹果公司所面临的典型风险。这种风险可能导致原材料短缺，生产流程受阻，最终影响产品的上市时间和销售。面对这一严峻挑战，苹果公司展现出了卓越的危机管理能力。苹果通过与全球供应商紧密合作，成功恢复了生产，并提升了供应链的韧性。在处理这场危机的过程中，苹果公司重新评估并优化了其供应链，使其在面对未来可能的风险时具备更完备的应对机制。

首先，苹果公司加强了与全球供应商的关系，通过提高供应商的多样性，降低对单一供应商或地区的依赖。其次，苹果公司增加了备选供应链方案，以便在特定环节出现问题时，能迅速转向备选方案，尽快恢复生产。最后，苹果公司进一步优化了库存管理，即使在面临生产中断的情况下，也能够保证有足够的库存以满足消费者的需求。

总的来说，日本地震和海啸是对苹果公司供应链的一次重大考验，但苹果公司凭借其优秀的危机应对机制和强大的供应链管理能力成功地克服了这一挑战。这一事件也提醒全球化运营的企业，构建韧性强、应对能力高的供应链系统，是应对各种未知风险的关键。在未来，随着全球环境和社会状况的不断变化，供应链风险管理将成为企业生存和发展的重要考虑因素。

特斯拉的原材料风险评估——应对全球锂资源的挑战

特斯拉作为电动汽车领军企业，对锂——这一关键电池组成部分的需求巨大，但全球锂资源有限且价格波动大，给特斯拉带来了原材料风险。为了降低这一风险，特斯拉采取了多种策略。

首先，特斯拉采取了多元化供应商的策略。公司在全球范围内寻找可靠的锂资源供应商，并与多家供应商签订长期合同，以减少对单一供应商的依赖。这样一来，特斯拉在面对供应中断或价格波动时更具灵活性，降低了依赖单一供应商带来的风险。其次，特斯拉考虑自主采矿。公司有意开采自己的锂矿，以增加对锂供应链的控制权。尽管开采锂矿需要大量资金和技术投入，但这种方式使特斯拉能够更加稳定锂的供应，降低了原材料风险。除此之外，特斯拉还在积极研发新的电池技术，以减少对锂的依赖。这种技术研发不仅能提高电池性能，还有望进一步降低特斯拉面临的原材料风险。

总体而言，特斯拉在应对锂资源风险方面的策略是多方面的。多元化供应商、自主采矿和技术研发等措施共同帮助特斯拉降低了原材料风险。然而，随着电动汽车市场的不断发展，特斯拉仍需继续关注和应对原材料风险，以确保业务的稳定和持续发展。

七、原材料风险评估

原材料风险评估是指对企业所使用的原材料供应链中存在的潜在风险进行识别、评估和管理的过程。它旨在帮助企业全面了解原材料供应链中可能遇到的各种风险，并制定相应的应对策略，以降低对企业运营和业绩的影响。

原材料风险评估的内容可以涵盖以下方面：

1. 供应商可靠性评估。对供应商的信誉、经营状况、财务健康等进行评估，以确定其是否具备稳定和可靠的供应能力。分析供应商的生产能力、设备情况、技术实力等，评估其是否能够满足企业的需求。

2. 供应链可见性评估。确定原材料供应链中的关键环节，了解相关参与方（如下游供应商、物流服务商等）的情况，以获得供应链的全面可见性。分析供应链的地理位置、运输方式、库存水平等，评估供应链的弹性和灵活性，确定是否存在潜在的供应中断风险。

3. 市场供需分析。分析原材料市场的供需情况，评估供应和需求的动态变化，判断供应是否充足并可持续。考虑价格波动、产量变化等因素，预测可能存在的原材料供应的不稳定性等风险。

4. 法律合规风险评估。检查原材料供应链中的各个环节是否符合相关法律法规和标准。考虑环保、安全、劳工权益等方面的合规要求，评估供应链中可能存在的法律合规风险。

5. 资金和支付风险评估。评估供应链中涉及的资金流动和支付方式，以确定是否存在资金不足或支付延迟的风险。考虑货币汇率波动、信用风险等因素，评估原材料供应链中的金融风险。

6. 战略和地缘政治风险评估。分析全球地缘政治动态和战略发展，评估其对原材料供应链的影响。考虑贸易争端、政治冲突、自然灾害等因素，评估原材料供应链中的战略和地缘政治风险。

7. 过程和质量控制评估。评估原材料供应链中的生产过程和质量控制体系，确定其是否满足企业的要求。考虑原材料的稳定性、可追溯性、检测和验证要求等，评估供应链中可能存在的质量风险。

知识模块 6　路演展示总结

创业小故事

滴滴出行：科技驱动，让出行更便捷

滴滴出行是中国最大的出行平台，于 2012 年创立。它的核心产品包括滴滴快车、滴滴专车、滴滴出租车等，主要用来解决城市居民的出行需求，以满足其在日常生活和工作中的移动需求。其核心理念是通过科技创新，连接乘客和司机，以优化城市交通，并提高生活的便利性和出行效率。

滴滴的一个具有代表性的创新案例是“顺风车”业务。这项服务主要是利用空闲的车辆资源，连接需要相同或相近路线的乘客与车主，为他们提供共享出行的选择。这不仅可以帮助乘客解决出行问题，降低出行成本，还可以帮助车主分担油费，减少车主单车出行的压力，同时对环保和节能也有积极的推动作用。

根据 2019 年的数据显示，滴滴“顺风车”的日均订单量已经超过 100 万单，显然，“顺风车”已经成为滴滴用户的重要出行方式之一。而且，由于“顺风车”的发展，滴滴已经成为全球最大的共享出行平台之一，这也是滴滴对于传统出行方式的一种颠覆性创新。

一、路演 PPT 框架结构

路演 PPT 框架是指在进行企业或项目路演（向投资者、合作伙伴等进行演示和介绍）时所使用的演示文稿的结构和布局。它有助于有效地传达信息、吸引观众的注意力并展示核心内容。常见的路演 PPT 框架包括以下内容：

1. 项目概述。对项目进行简洁明了的介绍，包括项目的名称、类型、目标和主要功能等信息。

2. 市场背景。介绍项目所在的行业或市场的状况，包括市场规模、发展速度、主要趋势等。

3. 项目痛点。详细描述项目是为了解决什么问题而存在的。这些问题可能是目标用户群体在使用其他产品或服务时所遇到的问题。

4. 解决方案。详细介绍项目是如何解决上述问题的，包括产品或服务的特点、优势等。

5. 竞品对比。列出主要竞争对手，并与他们的产品或服务进行对比，明确差异和优势。

6. 盈利模式。详细介绍项目是如何盈利的。比如，产品或服务的定价策略以及成本结构等。

7. 营销推广。介绍项目的营销和推广计划，包括计划使用的营销渠道以及目标市场等。

8. 商业模式。详细介绍项目的商业模式，包括产品或服务的价值链、商业伙伴、客户关系等。

9. 创业团队。介绍创业团队的成员和他们的背景，包括他们的教育背景、工作经验、专业技能等。

10. 发展规划。详细介绍项目的发展规划，包括项目的里程碑、未来计划等。

11. 融资计划。详细介绍项目的融资需求和计划，包括计划从哪些渠道获得融资，以及融资目标等。

路演 PPT 框架的定义可以根据特定的演讲目标、受众需求和行业特点进行调整和定制。重要的是确保演示文稿逻辑清晰、内容准确和吸引人，以便有效地传达关键信息并赢得观众的支持与认可。

二、路演 PPT 框架参考模板

基于上述路演 PPT 框架，个性化编写自己项目的路演 PPT，以下是四种类型的路演 PPT 框架参考模板。

1. 饮品门店类个体工商户的路演 PPT 框架。

店铺概述：包含店铺的名字、位置、主打产品等基础信息。

市场概况：描述所在的地区或社区的消费需求和趋势。

店铺特色：突出店铺的独特之处，例如独特的饮品口味、制作工艺或环境装饰等。

竞品分析：列出周边的同类饮品店铺，并简单对比各自的优缺点。

盈利计划：简述产品的价格定位、成本控制等，展现盈利能力。

宣传计划：概述如何利用地方广告、社交媒体等方式吸引顾客。

团队介绍：简单介绍店主和员工，例如对饮品制作的热情和经验等。

发展展望：简要描述未来一段时间的目标和计划，例如新产品推出计划、店铺装修升级等。

资金需求：列出资金需求和用途，例如店铺扩建、购买新设备等。

2. 家用设备维修类个人独资企业的路演 PPT 框架。

业务概述：详细介绍企业的名称、服务类型、服务范围和主要功能等信息。

市场分析：分析目前家用设备维修市场的规模、发展趋势和主要需求。

服务痛点和解决方案：阐述目标客户在使用现有维修服务时所遇到的问题，以及你的企业是如何解决这些问题的。

竞品分析：分析主要竞争对手，包括他们的优势和不足，以及你的企业在此基础上的差异化服务。

盈利模式：详述企业的收费策略、成本结构，以及预计的盈利状况。

服务推广：概述企业的市场推广策略，例如使用线上平台、口碑推广等。

业务流程和服务标准：展示企业在接受维修申请、完成维修工作以及服务后的保修等方面的标准流程和服务承诺。

创业团队：介绍团队成员，特别是他们的技术能力和服务经验。

发展规划：阐述未来的发展计划，如服务扩展、团队扩充等。

3. 广告设计类合伙企业的路演 PPT 框架。

业务概述：详细介绍公司的名称、服务类型、主要功能等信息。

市场分析：研究和描述目前广告设计市场的规模、发展趋势和主要需求。

服务痛点和解决方案：阐述目标客户在使用现有广告设计服务时所遇到的问题，以及你的公司是如何解决这些问题的。

创新的设计理念：展示公司的设计理念，阐述其独特之处和对客户的吸引力。

竞品分析：比较主要竞争对手，包括他们的优势和不足，以及你的公司的差异化服务。

盈利模式：详述公司的收费策略、成本结构，以及预计的盈利状况。

营销和合作策略：概述公司的市场推广策略和潜在合作伙伴。

工作流程和服务质量保证：展示公司从接受设计需求、完成设计、进行修订到最后交付的标准流程，以及服务质量保证。

创业团队：介绍团队成员，特别是他们的设计能力和经验。

案例展示：分享公司的广告设计项目，以显示公司的实力和创新性。

发展规划：阐述未来的发展计划，如扩大服务范围、增加团队成员等。

融资计划：如果有需要，概述公司的融资需求和用途，例如扩大业务范围、购买新的设计工具等。

4. 科技产品类有限责任公司的路演 PPT 框架。

公司概述：介绍公司的名称、产品类型、主要功能等信息。

市场分析：研究和描述科技产品市场的规模、发展趋势和主要需求。

产品痛点和解决方案：阐述目标客户在使用现有科技产品时所遇到的问题，以及你的公司是如何解决这些问题的。

产品创新和技术优势：展示公司的技术优势和创新的产品特性。

竞品分析：与主要的竞争对手进行比较，包括他们的优势和不足，以及你的公司的产品特性。

盈利模式：详述公司的定价策略、成本结构和预计的盈利状况。

营销策略：概述公司的市场推广策略和销售渠道。

产品生命周期管理：介绍公司的产品开发流程、质量控制和售后服务。

创业团队：介绍团队成员，特别是他们的技术能力和经验。

产品演示：通过实例演示产品的功能和优势，展示公司的技术实力和创新性。

发展规划：阐述未来的发展计划，如产品迭代、新产品开发等。

合作伙伴和客户：介绍现有和潜在的合作伙伴，展示已经赢得的客户。

融资计划：概述公司的融资需求和用途，例如研发投入、市场拓展等。

三、路演 PPT 评价表

路演 PPT 评价表

<table>
<tr><td colspan="2">组别</td><td></td><td>项目名称</td><td colspan="2"></td></tr>
<tr><td rowspan="2">序号</td><td rowspan="2">项目</td><td colspan="3" rowspan="2">评价指标</td><td>分值</td></tr>
<tr><td>0 ~ 12.5</td></tr>
<tr><td>1</td><td>项目名称</td><td colspan="3">能够简洁、准确反映项目的核心概念和商业价值</td><td></td></tr>
<tr><td>2</td><td>项目背景</td><td colspan="3">能够提供清晰、全面的市场信息</td><td></td></tr>
<tr><td>3</td><td>项目痛点</td><td colspan="3">能够准确地识别并阐述目标市场中存在的关键痛点</td><td></td></tr>
<tr><td>4</td><td>解决方案</td><td colspan="3">具有创新性、可行性，且能够有效地解决市场痛点问题</td><td></td></tr>
<tr><td>5</td><td>商业模式</td><td colspan="3">选择的商业模式可行，并能够有效地创建、传递和获取价值</td><td></td></tr>
<tr><td>6</td><td>创业团队</td><td colspan="3">团队成员具有多元化的技能，能够分工协作互补</td><td></td></tr>
<tr><td>7</td><td>风险预测</td><td colspan="3">能够全面地预测可能存在的风险</td><td></td></tr>
<tr><td>8</td><td>风险措施</td><td colspan="3">对应前面预测的风险，能够制订应对策略和风险缓解计划</td><td></td></tr>
<tr><td colspan="5">总分</td><td></td></tr>
<tr><td>综合评价</td><td colspan="5">请根据下列提示，分别写出该计划书的优缺点（不少于 2 点）。
1. 商业计划书较好的地方：
2. 商业计划书需要改进的地方及改进建议：</td></tr>
</table>